KB104262

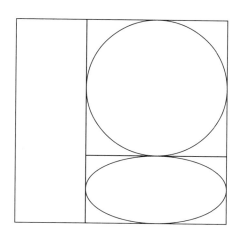

좌전을 읽다

封建秩序的黃昏: 左傳
楊照 著
© 2013 Yang Zhao

Korean translation copyright © 2019 by UU PRESS
Korean translation rights arranged with Yang Zhao
through The Institute of Sino-Korean Culture.

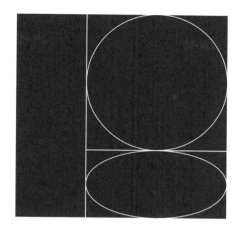

좌전을 읽다

=

중국 지식인이
읽고 배워야 했던
2천 년의 문장 교본

양자오 지음 ✛ 김택규 옮김

저자 서문
동양고전 읽는 법

1

2007년부터 2011년까지 5년간, 저는 민룽 강당敏隆講堂에서 '중국 역사 다시 보기'重新認識中國歷史 강좌를 개설하고 13기에 걸쳐 130강을 강의했습니다. 신석기에서 신해혁명까지 중국 역사를 죽 훑는 이 통사 강좌는 전통적인 해설을 벗어나 신사학 혁명新史學革命* 이후 지난 100여 년간 중국 역사 연구의 새롭고 중요한 발견과 해석을 소개하는 데 역점을 두었습니다. '중국 역사 다시 보기'라는 제목도 그래서 달았지요.

---

* 근대적인 방법론에 입각한 새로운 역사학.

'중국 고전을 읽다' 시리즈는 원래 이 통사 강좌에 이어지는 형식이어서 고전의 선별도 같은 취지로 역사적 관점에서 이루어졌습니다. 중국 역사를 다른 방식으로 한 번 더 강의하는 셈이지요.

 저는 통사 강좌에서는 수천 년 중국 역사의 거대하고 유장한 흐름 가운데 제가 중요하다고 여기거나 소개할 만하며 함께 이야기할 만한 부분을 가려 뽑아 중국 역사를 보여 주려 했습니다. 반면 '중국 고전을 읽다'에서는 주관적인 선택과 판단을 줄여, 독자들이 직접 고전을 통해 중국 역사를 살피고 이해하게 되기를 바라고 있습니다.

 오늘날의 일상 언어로 직접 수천 년 전 고전을 읽고 역사를 이해한다는 것은 매우 보기 드문 행운입니다. 현대 중국인은 2천여 년 전의 중국 문자를 번역 없이 읽을 수 있고, 정보의 대부분을 직관적으로 파악할 수 있으며, 조금만 더 시간을 들이면 보다 깊은 의미도 해석할 수 있습니다. 고대의 중국 문자와 오늘날 중국인이 일상에서 쓰는 문자 사이에는 분명하고도 강력한 연속성이 존재하지요. 현대 사회에서 통용되는 중국 문자의 기원은 대부분 거의 『시경』詩經과 『상서』尙書 시대까지 거슬러 올라가며, 그중 일부는 갑골문甲骨

文이나 금문金文의 시대까지 소급됩니다. 문법에서도 꽤 차이가 있고 문자의 뜻이 완전히 일치하지는 않지만, 고대 중국 문자의 사용 규칙은 오늘날 쓰이는 문자와 대비해 보면 매우 쉽게 유추됩니다.

이는 인류 문명에서 매우 특이한 현상으로 사실상 세계 역사에서 또 다른 사례를 찾아보기 어렵습니다. 기원전 3천 년부터 오늘날에 이르기까지, 같은 기호와 같은 의미가 결합된 하나의 문자 체계가 5천 년 동안이나 끊이지 않고 이어져, 오늘날 문자의 사용 규칙에서 유추해 몇천 년 전의 문헌을 직접 읽을 수 있다니 대단하지요.

이처럼 고대부터 간단없이 이어진 중국 문자의 전통은 문명의 기본 형태를 결정짓는 데 상당한 영향을 주었습니다. 비록 중국 사회가 역사를 통해 이에 상응하는 대가를 치르기는 했지만, 이 전통 덕분에 지금 이 시대의 중국인은 매우 희소가치가 높은 능력을 얻었습니다. 이런 능력을 잘 이해하고 사용하지 않을 이유가 없지요.

2

고전을 읽는 첫 번째 이유는 이런 것입니다. 중국 역사에는 가장 기본적인 자료들이 있습니다. 이 누적된 자료를 선택하고 해석하면서 역사의 다양한 서술 방식이 형성되었습니다. 중국 문자를 이해하고 그 역사에 관심이 있는 사람이라면 누구나 역사의 다양한 서술 방식을 접하고 나서 그 기본적인 자료들로 돌아갈 수 있습니다. 누구나 역사학자들이 어떻게 이 자료들을 멋지게 요리했는지 직접 살필 수 있고, 스스로 가장 기본적인 자료들을 들추며 서술의 옳고 그름을 따질 수 있는 것입니다.

우리는 『시경』이 어떤 책인지 소개하는 책을 읽고, 『시경』에서 뽑아낸 재료로 서주西周 사회의 모습을 재구성한 이야기를 듣기도 합니다. 그런데 이런 기초 위에서 『시경』을 읽으면 『시경』의 내용과 우리가 처음 상상한 것이 그다지 닮지 않았음을 알게 될지 모릅니다. 서주 사회에 대해 우리가 처음 품었던 인상과 『시경』이 보여 주는 실제 내용은 전혀 다를 수 있지요. 어쨌든 우리에게 무척 강렬한 독서의 즐거움을 안겨 줄 겁니다!

고전을 읽는 두 번째 이유는 그것이 현재와 다른 시공간에서 탄생했음에도, 인간의 보편적 경험과 감상을 반영한다는 데 있습니다. 오늘날에도 우리는 여전히 같은 인간이라는 입장에서 고전 속의 경험과 감상을 확인할 수 있고 느낄 수 있고 비교할 수 있습니다. 우리는 그 안에서 비슷한 경험과 감상을 발견하고, 시공간의 차이를 넘어 공감대를 형성할 수 있습니다. 그리고 다른 경험과 감상을 통해서는 우리 삶의 경험을 확장할 수도 있지요.

　역사학 훈련에서 얻어진 습관과 편견으로 인해, 저는 고전을 읽을 때 오늘날 현실과는 전혀 다른 사실들이 던져 주는 지적 자극에 좀 더 흥미를 느낍니다. 역사는 우리에게 인류의 다양한 경험과 폭넓은 삶의 가능성을 보여 주고, 나아가 우리가 너무도 당연하게 여겼던 현실에 의문을 품고 도전하게 만들지요. 이 점이 바로 역사의 가장 근본적인 기능입니다. 또한 역사라는 학문이 존재하는 의의이자 다른 무엇과도 바꿀 수 없는 핵심 가치이기도 합니다.

3

중국 사회가 수천 년 동안 이어진 문자 전통 때문에 상응하는 대가를 치렀다는 사실은 앞서도 언급한 바 있습니다. 그중 하나는 이 연속성이 역사를 바라보는 중국의 전통 관점에 영향을 끼쳤다는 점입니다. 끊이지 않고 줄곧 이어진 문자 체계 때문에, 중국인은 조상이나 옛사람을 지극히 가깝게 여기고 친밀하게 느낍니다. 그래서 중국에서는 역사학이 과거에 발생한 어떤 사건을 연구하는 독립적인 학문이었던 적이 없습니다. 역사와 현실 사이의 명확한 경계가 인식되지 않고 떼려야 뗄 수 없는 연속체처럼 여겨졌죠.

우리는 삶의 현실에서 도움을 얻고자 역사를 공부합니다. 그런 까닭에, 중국에서는 나중에 생겨난 관념과 사고가 끊임없이 역사 서술에 영향을 끼치고 역사적 판단에 스며들었습니다. 한 가지 심각한 문제는 이 전통 속에서 사람들이 늘 현실적인 고려에 따라, 현실이 필요로 하는 방식으로 역사를 다시 써 왔다는 사실입니다. 시간이 흐르면서 서로 다른 현실적 고려가 겹겹이 역사 위에 쌓여 왔지요. 특히 고전에 대한 전통적인 해석들이 그 위로 두텁게 덧쌓였습니다.

따라서 우리는 갖가지 방식을 동원해 덧쌓인 해석들을 한 풀 한 풀 벗겨 내고 비교적 순수한 맨 처음 정보를 보려고 노력해야 합니다. 그런 뒤에야 『시경』을 통해 2천 년 전 또는 2천 5백 년 전 중국 사회의 어떤 모습이나 그 사람들의 심리를 참으로 이해했다고 할 수 있습니다. 또한 주周나라 당시의 정치 구조 안에서 『상서』가 표현하는 봉건 체제를 이해하며, 황제 통치가 확립된 진秦나라와 한漢나라 이후의 가치 관념으로 『상서』를 왜곡하는 일이 없을 것입니다.

'중국 고전을 읽다' 시리즈에서 저는 이 고전들을 '전통' 독법대로 해석하지 않을 생각입니다. 전통적으로 당연시해 온 독법은 특히 면밀한 검증과 토의를 필요로 합니다. 도대체 고전 원문에서 비롯된 해석인지, 아니면 후대의 서로 다른 시기에 서로 다른 현실적 요구에 따랐기에 그때는 '유용' 했으나 고전 자체에서는 멀어진 해석인지 말이지요.

고전을 원래의 태어난 역사 배경에 돌려놓고 그 시대의 보편 관점을 무시하지 않는 것은 이 시리즈의 중요한 전제입니다. '역사적 독법'을 위한 '조작적 정의'*라고도 할 수 있겠습니다.

우리는 '역사적 독법'의 기초 위에서 비로소 '문학적 독

---

* 사물 또는 현상을 객관적이고 경험적으로 기술하기 위한 정의.

법'으로 나가는 다음 단계를 밟을 수 있습니다. 먼저 이 고전들은 오늘날의 우리를 위해 쓰인 것이 아니라, 그것들이 태어난 시대에 우리와 매우 다른 삶을 살았던 옛사람들이 쓴 것입니다. 그러므로 우리는 자기중심적인 태도와 자만심을 버리고, 잠들어 있는 보편된 인성을 일깨우며 다른 삶의 조건 속으로 들어가, 그들이 남긴 모든 것에 가까이 다가서야 합니다.

이 과정에서 우리는 자신의 감성과 지성을 일깨움으로써, 전혀 알 수 없었던 다른 삶의 환경을 이해하고, 내면에 존재했지만 미처 몰랐던 풍요로운 감정을 느끼게 될 것입니다. 저는 후자 쪽이 훨씬 더 중요하다고 봅니다. 우리 삶의 현실이 제공해 줄 수 없는 경험은 이처럼 문자로 남아 있다가 아득히 먼 시공의 역사를 뚫고 나와 우리와 대화하며 새롭고 강렬한 자극을 던져 줍니다.

고전이 태어났던 전혀 다른 시공간의 차이를 인정함으로써, 우리는 어떤 감정과 감동을 느끼고 일종의 기적을 맛보게 될 것입니다. 그 순간 우리는 현실적 고려에 의해 역사를 단편적으로 취하는 태도를 버리고, 역사를 관통하는 인류 보편의 조건과 역사와 보편 사이의 접점을 발견하며, 인간의 본성과 감정에 대한 더 넓고 깊은 인식으로 나아갈 수 있습니다.

4

'중국 고전을 읽다' 시리즈는 중요한 고전을 찾아 그 책의 몇 단락을 추린 다음 꼼꼼하게 읽는 방법을 취하고 있습니다. 이를 기초로 고전 전체의 기본 틀을 드러내고, 책과 그것이 탄생한 시대의 관계를 설명하려 합니다.

오늘날 전해지는 중국 고전의 규모는 참으로 어마어마해서 모든 고전을 처음부터 끝까지 다 읽는 것은 불가능합니다. 그래서 저는 고전 가운데 독자들이 쉽게 공감할 만한 내용을 고르는 한편, 가장 이질적인 정보를 전달할 수 있는 내용을 선택함으로써 독자들이 시공간을 뛰어넘는 신선하고 신기한 경험을 얻을 수 있도록 노력했습니다. 저는 첫 번째 방법으로 다음과 같은 효과를 기대합니다. "오! 저자의 말이 정말 그럴듯한데?" 두 번째 방법으로는 다음과 같은 반응을 바랍니다. "어? 이런 생각을 하는 사람이 다 있네!"

고전을 읽고 해석할 때 생각해야 할 몇 가지 기본 문제가 있습니다. 이 작품은 어느 시대, 어떤 환경에서 태어났을까? 당시의 독자들은 이 작품을 어떻게 읽고 받아들였을까? 왜 이런 내용이 고전이라 불리면서 오랫동안 변함없이 전해졌을까? 이 작품이 지닌 힘은 다른 문헌이나 사건, 사상 등에 어떤 영향을 끼쳤을까? 앞선 고전과 뒤따르는 고전 사이에는 어떤 관계가 있을까?

이 질문들은 어떤 고전 판본을 고를지 결정하는 기준이 되기도 합니다. 첫 번째 원칙은 가장 기원이 되며 본연에 가까운 판본을 고르는 것입니다. 역사와 선례를 중시하고 강조하는 전통 문화 가치에 따라, 하나의 고전에는 수많은 중국의 저작과 저술이 덧붙었습니다. 『사고전서』四庫全書에 수록된 3천 5백여 종의 서적 가운데 『논어』論語를 해석한 저작과 저술은 무려 100여 종이 넘습니다. 이 가운데 중요하거나 흥미로운 내용이 없는 것은 아니지만, 결국 모두 『논어』라는 고전의 부산물일 뿐입니다. 따라서 우리가 가장 먼저 골라 읽어야 할 것은 『논어』를 해석한 그 어떤 책이 아니라 바로 『논어』입니다. 『논어』는 당연히 『논어』를 부연하고 해석한 그 어떤 책보다 기원과 본연에 가깝습니다.

이 원칙에도 예외는 있지요. 중국 삼국 시대의 왕필王弼

이 주석한 『노자』老子와 위진魏晉 시대의 곽상郭象이 주석한 『장자』莊子는 불교의 개념으로 이 책들의 원래 내용을 확장하고 심화했으며, 나아가 위진 시기 이후 중국 '노장老莊 사상'의 기본 인식을 형성했습니다. 형식적으로는 부연이지만 실질적으로는 기원의 영향력을 지니는 셈입니다. 그래서 기본 텍스트로 보고 읽어야 합니다.

두 번째 원칙은 현대 중국어로 읽을 수 있어야 한다는 것입니다. 어떤 책들은 중국 역사를 이야기할 때 반드시 언급해야 할 정도로 중요합니다. 예를 들어 『본초강목』本草綱目은 중국 식물학과 약리학의 기초를 이루는 책으로 무척 중요하지요. 하지만 오늘날의 독자들에게 이 책은 어떻게 읽어 나가야 할지 너무도 막막한 대상입니다.

다른 예를 하나 더 들겠습니다. 중국 문학사에서 운문이 변화하는 과정을 이야기할 때는 언제나 한나라의 부(한부漢賦), 당나라의 시(당시唐詩), 송나라의 사(송사宋詞), 원나라의 곡(원곡元曲) 등을 꼽습니다. 당시나 송사, 원곡이라면 읽을 수 있겠지만, 한부를 어떻게 읽을 수 있을까요? 중국 문자가 확장하고 발전해 온 역사에서, 한부는 매우 중요한 역할을 맡았습니다. 한나라 사람들은 외부 세계와 문자 사이의 서로 다른 대응 관계를 인식하기 시작했고, 수많은 사물과 현상에 상응하는 어휘를 기록하고 전달하는 데 어려움을 겪었지요. 그 때문에 어휘의 범주를 있는 힘껏 넓히고, 갖은 방법으로 복잡한 외부 세계의 눈부신 풍경을 모두 기록해 내려는 충동이 생겨났습니다. 따라서 한부는 일종의 '사전'과 같은 성격을 띱니다. 최대한 복잡하고 다양한 어휘를 사용해 인간이 알고 있는 모든 것을 요란하게 과시하는 장르이지요.

겉으로는 유려한 묘사로 내용을 전달하는 문학 작품처럼 보일지라도, 한부는 사실 새로운 글자를 발명하는 도구에 가까웠습니다. 보기만 해도 신기한 수많은 글자, 남들이 잘 쓰지 않는 기발한 글자를 늘어놓는 것이 한부의 참목적입니다. 글이 묘사하고 서술하는 것이 장원莊園의 풍경이든 도시의 풍경이든, 그것은 허울에 불과합니다. 장원에 대한 한부의 묘사나 서술은 풍경을 전하거나 그로 인해 일어나는 인간의 감정을 표현하는 데 뜻을 두지 않습니다. 한부는 이런 묘사와 서술을 통해 정원이라는 외부 세계에 속하는 모든 대상에 일일이 이름을 붙입니다. 한부 작품에 등장하는 이루 헤아릴 수 없이 많은 명사는 눈앞에 보이는 모든 대상 하나하나에 새롭게 부여한 이름입니다. 한부에 존재하는 수많은 형용사는 서로 다른 색채와 형상, 질감과 소리 등을 분별하기 위해 새로이 발명한 어휘지요. 상대적으로 동사는 그리 많지 않습니다. 한부는 무척 중요하고 소개할 만한 가치가 있으며 새롭게 알 필요가 있는 장르이지만 막상 읽기는 쉽지 않습니다. 읽는다 해도 도무지 재미가 없어요. 한부를 읽기 위해서는 글자 하나하나를 새로이 배우고 그 글자의 뜻을 새삼 되새겨야 하는데, 그럼에도 글을 읽고 나서 얻는 것은 그리 많지 않습니다. 초등학생이나 중학생들의 국어 경시대회와 비교할 수 있겠습니다.

마지막으로 세 번째 원칙이 있는데, 이는 저 개인의 어쩔 수 없는 한계에서 비롯된 것입니다. 저는 저 자신이 읽고 이해할 수 있는 고전을 고를 수밖에 없습니다. 예를 들어 『역경』易經은 지극히 중요한 책이지만, 제가 가려 뽑은 고전 범주에 들지 않습니다. 예로부터 지금까지 『역경』에 대해 그토록 많은 해석이 있었고, 지금도 계속해서 『역경』에 대한 새롭고 현대적인 해석들이 나오고 있지만, 저는 아무래도 그 사상 세계로 들어갈 수가 없습니다. 저는 그와 같이 인간의 길흉화복을 점치는 방식에 설득되지 않으며, 도대체 무엇이 본연의 『역경』이 규정하고 전승하려던 의미였는지 판단할 수 없고, 무엇이 후대에 부연되고 수식된 내용인지 가려낼 수 없기 때문입니다. 역사적 독법의 원칙에 따르자면, 저는 『역경』을 논할 능력이나 자격이 없습니다.

5

'중국 고전을 읽다'에서 저는 다만 책을 읽는 데 그치지 않고 몇 단락씩 꼼꼼히 들여다보려 합니다. 중국 고전은 책마다 분량의 차이가 적잖이 존재하고 난이도의 차이도 크기 때문에, 반드시 이 두 가지를 잘 헤아려 읽을 내용을 결정해야만 합니다.

저는 고전의 원래 순서도 내용의 일부이고, 문단과 문장의 완전함도 내용의 일부라고 생각합니다. 책의 순서에 의미가 없음을 확신할 만한 이유가 있거나 특별하게 대비시키려는 의도가 아니라면, 저는 최대한 고전이 지닌 원래의 순서를 깨뜨리지 않으려고 했으며, 최대한 완전한 문단을 뽑아 읽으며 함부로 재단하지 않았습니다.

강의 내용을 책으로 바꿀 때는 시간과 분량의 제한을 받기 때문에, 꼼꼼한 독해는 아마도 아주 짧은 단락에 그칠 것입니다. 하지만 여러분은 이를 통해 고전 속으로 들어가는 일에 차차 익숙해질 것입니다. 나아가 저는 여러분이 고전을 가깝게 느끼게 되어 책의 다른 부분을 스스로 찾아 읽었으면 하고 바랍니다. '중국 고전을 읽다'는 고전이 지닌 본연의 모습과 방식을 더듬어 여러분이 스스로 고전에 다가가는 기초를 닦도록 도울 것입니다. 이 책은 고전을 읽고 이해하는 데 중요한 첫걸음이 될 것입니다.

'전'으로 '경'을 설명하다

역사 기록의 양식

『춘추좌씨전』春秋左氏傳은 중국 최초로 전체傳體로 쓰인 저작입니다. '전'의 기능은 '경'經을 설명하는 것이었습니다. 『춘추좌씨전』이라는 제목은 이 책이 『춘추경』春秋經에 딸려 성립된, 『춘추경』을 설명한 전서傳書임을 알려 줍니다. 『춘추경』을 설명한 '전'이 꽤 여러 권이라 '좌씨'라는 이름으로 『춘추공양전』春秋公羊傳, 『춘추곡량전』春秋穀梁傳과 구별했습니다.

'춘추'는 본래 통칭이지 특정한 책 이름이 아닙니다. 주나라 시대에 국가의 큰일을 기록하는 고정된 형식이 나타났습니다. 바로 시간 순서를 틀로 삼아 우선 '연도'年를 밝히고 그 밑에 '시'時, 다시 말해 계절과 월별로 사건을 세분해 기록하는 형식이었지요. 이런 기록법의 가장 전형적인 예가 "원년元年 봄 정월春王正月 3월, (……) 여름 5월夏五月, (……) 가을 7월秋七月……"입니다. '원년'은 군주가 즉위한 첫해라는 뜻입니다. 그리고 '정월' 앞에는 반드시 계절을 표시하는 '춘'이 왔습니다. 마찬가지로 각 달마다 그 달이 속한 계절을 붙여 '여름 5월', '가을 7월'이라고 했습니다.

이처럼 본문에서 계절을 특히 강조해 '춘'과 '추'가 늘 등장했기 때문에 이런 연도별 기록 양식을 '춘추'라고 불렀습니다.

우리는 주나라 궁정에서도 '춘추'라는 양식이 쓰였는지, 이 양식이 주나라 궁정에서 만들어져 퍼진 것인지 알 수 없습니다. 단지 사료를 통해 동주東周 시대에 제후국마다 자체적인 연도별 기록이 있었고, 대체로 이 '춘추' 형식을 택했으며, 그중 기록이 가장 상세하고 보존이 잘된 것이 노나라의 기록이었다는 것을 알 수 있을 뿐입니다.

『노춘추』魯春秋가 가장 보존이 잘되고 널리 퍼져 '경', 즉 경전의 지위를 얻은 것인지, 아니면 거꾸로 다른 이유로 경으로 인정받는 바람에 왕관학王官學*의 일부가 되어 더 널리 퍼져 보존될 기회를 얻은 것인지는 알 수 없습니다. 우리가 아는 것은 단지 주나라의 왕관학, 다시 말해 귀족 교육의 내용에 일찍부터 '춘추'라는 항목이 있었다는 것뿐입니다. 동주 이후 시詩, 서書, 역易, 예禮, 악樂, 춘추로 이뤄진 '육예'六藝에서 춘추는 『노춘추』가 주요 내용이었습니다.

우리는 오늘날 『춘추』를 역사나 역사 기록으로 취급합니다. 그런데 역사 기록의 관점과 기준에서 보면, 일찍이 송나라의 왕안석王安石은 『춘추』를 가리켜 '단란조보'斷爛朝報라고 비웃었습니다. '조보'는 조정의 활동에 대한 기록이라는 뜻입니다. 누가 누구와 동맹 모임을 가졌고, 어느 나라가 어느 나라와 싸웠는지 외에 다른 내용은 거의 없습니다. 게다가 조정의 활동에 대한 그 기록 자체도 매우 빈약하고 띄엄띄엄 쓰여 빠진 게 많습니다. 그래서 '단란', 즉 모자라서 완전하지 못하다고 한 겁니다.

현존하는 『노춘추』는 노은공魯隱公 원년(기원전 722년)부터 노애공魯哀公 14년(기원전 481년)까지 모두 242년간의 기록입니다. 그런데 『춘추』는 전문이 고작 1만 8천 자 정도여서 계산해 보면 1년에 약 70자 꼴입니다. 거기에서 '춘왕정월'春王正月같이 뜻이 없는 상투어도 빼야 합니다. 오늘날 아무 신

---

* 군자의 도리와 치국 방법의 전수에 중점을 둔 고대의 귀족 교육 체계이자 그 내용.

문이나 집어 1면의 주요 기사 네 편의 글자 수만 합쳐도 242년간 기록된 『춘추』의 글자 수와 거의 같습니다. 따라서 왕안석이 '단란'이라는 말로 『춘추』를 형용한 것을 탓하기는 어렵습니다.

전후 맥락의 파악

하지만 우리는 전제로서 『춘추』가 역사 저작임을 인정하고, 나아가 먼저 그토록 간단하고 빈약한 『춘추』의 경문經文이 있어서 그 경문을 설명한 『좌전』左傳도 있다는 것을 인정해야 합니다.

먼저 경이 있어야 전이 있다는 것은 『시경』詩經의 전인 『모시』毛詩, 『상서』尚書의 전인 『상서대전』尚書大傳을 보면 쉽게 확인됩니다. 모두 정확히 경의 문구에 맞춰 설명을 합니다. 『춘추공양전』과 『춘추곡량전』도 마찬가지입니다. 『공양전』과 『곡량전』 모두 『춘추』의 문구에 대응해 설명을 진행합니다.

그런데 『좌전』을 읽을 때는 다소 조심해야 합니다. 그렇게 꼭 경문에 대응해 설명하지는 않으니까요. 겉으로 보면 『좌전』도 『춘추』에 대응되는 것 같기는 합니다. 『춘추』의 경문이 노은공 원년에서 시작되듯이 『좌전』의 기록도 노은공 원년에서 시작되니까요. 그런데 『춘추』는 노애공 14년에 끝나지만 『좌전』은 노애공 27년에 끝납니다. 『좌전』이 『춘추』보다 내용이 13년 많은 셈이지요. 다시 말해 경을 설명하는 전으로서 『좌전』은 대응하는 경문도 없이 13년에 대한 설명을 더 제공하고 있는 겁니다.

또 다른 문제도 있습니다. 『공양전』과 『곡량전』은 주로 『춘추』의 문구에 담긴 뜻을 설명하고, 나아가 『춘추』가 왜 그렇게 쓰였는지 혹은 쓰이지 않았는지를 캐내고 분석합니다. 『좌전』에도 그렇게 직접적으로 문구를 설명하는 부분이 있기는 합니다. 하지만 더 빈번하고 진정으로 요체가 되는 내용은 '이사해경'以事解經, 즉 사건을 통해 경을 설명한 것입니다. 다시 말해 『춘추』의 두세 마디에 불과한 기록을 자세히 설명해 독자가 그 사건의 전후 맥락을 알게 하고, 그 사건의 상대적으로 복잡했던 과정을 복원합니다.

'이치'理가 아니라 '사건'事으로 설명하는 것이 바로 『좌전』의 포인트입니다. 그래서 노애공 14년 이후의 전만 있고 경은 없는 특이한 부분이 생겨났을 겁니다. 실제로 그 부분은 노애공 15년부터 27년 사이의 주요 사건 기록으로, 그 13년 동안 어떤 일이 있었는지 설명해 줍니다.

관점을 바꿔 생각하면 노애공 15년부터 27년에 이르는 『좌전』의 내용은 상응하는 『춘추』의 경문이 없다고 해서 의미를 잃지 않습니다. 역시 그 당시 역사적 변천에 대한 정보를 우리에게 제공해 주지요. 그렇다면 다른 242년에 관해 "사건을 통해 경을 설명"以事解經하는 태도로 기록한 『좌전』의 '사건'들도 경문에서 따로 독립해 존재할 수 있지 않을까요? 경문이 없어도, 또 경문과 대응하지 않아도 『좌전』의 대부분을 차지하는 사건 기록은 독립적으로 볼 때 모두 중요한 역사입니다. 『좌전』은 『춘추』와 관계없이 그 자체로 풍부한 내용의 훌륭한 역사서일 수 있는 겁니다!

또한 『공양전』과 『곡량전』의 저자들은 『춘추』의 글만 보고 대부분의 설명을 달 수 있었지만, 『좌전』의 저자는 그럴 수 없었습니다. 그가 아무리 대단하다 해도 『춘추』에 실린 "여름 5월, 정장공鄭莊公이 언鄢 땅에서 태숙단太叔段을 죽였다"夏五月, 鄭伯克段于鄢라는 단 몇 글자에서 정무공鄭武公이 혼인을 하고, 훗날 장공과 태숙단 형제가 싸우고, 또 태숙단이 언 땅으로 도망친 복잡한 과정을 읽어 내는 것은 불가능했습니다. 확실히 『좌전』을 쓴 사람은 수중에 있던 다른 기록을 참고해 『춘추』에 기재되지 않은 세부 사항을 보충했을 겁니다.

그런데 『좌전』에 사용된 그 자료들을 『춘추』의 저자는 왜 못 봤을까요? 혹은 『춘추』의 저자는 왜 그 자료들을 이용해 사건을 명확히 설명하지 않았을까요?

이 의문에 대한 답의 핵심은 아마도 『춘추』의 저술 의도가 애초에 오늘날 우리가 아는 '역사'의 기능에 있지 않았다는 데 있을 겁니다. 『춘추』가 관심을 쏟은 것은 글을 통해 과거의 시대적 환경과 당대의 사건 그리고 당위적 예의, 질서, 도리, 원칙을 비교하고 대조한 뒤 그 결과를 당시 사람들과 후대가 배우고 참고할 수 있게 하는 것이었습니다. 다시 말해 『춘추』의 포인트는 어떤 사건의 발생을 기록하는 데 있지 않았습니다. 그보다는 사람들이 그 사건의 의의를 어떻게 이해해야 하는지에 주목해 봉건적 예의 질서 아래에서 그 의의를 펼쳐 보이는 데 있었습니다.

또 다른 방식으로 말해 보면 『춘추』의 핵심 기능은 '정명'正名, 즉 이름을 바로잡는 것이었습니다. 봉건 예교의 이치에 부합하는 방식으로 당대 사건을 기술해 남기는 것이었지요. 공자가 "반드시 이름을 바로잡아야 한다!"必也正名乎! 라고 말한 것에서 드러나는 가치관은 틀림없이 주나라의 봉건주의, 아니면 적어도 노나라의 문화 전통이 그 배경일 겁니다.

혈연이 기초였던 봉건 질서

중국 문자의 변화와 발전 과정을 통해 이러한 논리를 더 분명하게 설명해 보겠습니다.

중국 문자는 맨 처음 종교적인 성격의 신비한 기호로 등장했습니다. 상나라 때 문자는 상나라 사람이 발명하고 독점한 권력의 도구였지요. 그들은 문자를 이용해 하늘과 조상의 신령과 소통해 얻은 정보를 전달하고 기록했습니다. 그 운용 방식은 도교의 부적과 비슷했습니다. 보통 사람은 봐도 이해하지 못하며 극소수 사람만이 거기에서 신비한 의지의 계시를 읽어 낼 수 있다고, 심지어 그 기호를 통해 아득한 이계異界와 소통하여 그곳의 힘을 가져와 길한 것을 좇고 흉한 것을 막을 수 있다고 공언했습니다.

상나라와 주나라의 교체기에 통치 모델에 큰 변화가 생겼습니다. 주나라 사람은 상나라 사람이 발명한 문자 기호를 배우고 원용했지만, 상나라 사람의 초현실적 관념은 배제한 채 문자에 전혀 다른 용도를 부여했습니다. 주나라 사람에 의해 문자는 깨지지도 썩지도 않는 청동기에 주조되어 세월과 망각과 변질을 견디게 되었으며, 문자로 기록된 것은 그런 식으로 명확히 고정되었습니다.

주나라는 상나라를 멸하고 상나라가 점했던 기존의 정치적 지위를 대신하는 동시에 통치 방식을 철저히 바꿨습니다. '봉건'의 원칙으로 본래 있던 공주共主*의 틀을 대체했습니다. 봉건의 기초는 친족과 종족 관계였습니다. 부모 형제와 친척 사이에 존재하는 인정의 상호작용을 나라와 나라 사이의 관계로 확장했습니다. 어떤 제후국의 군주가 천자의 동생이면, 그 제후국은 천자에게 동생과 똑같은 예의와 행위의 책임을 져야 했습니다. 또 이 군주가 저 군주의 조카이면 두 나라는 자연히 숙질 관계가 되었습니다.

봉건 질서의 기초와 필요조건은 서로의 친족 관계에 대한 확인이었습니다. 그런데 친족 관계는 시간과 세대교체에 따라 모호하게 바뀌기 마련이었습니다. 자신의 친형제는 당연히 알지만, 사촌과 오촌은 똑똑히 기억하기가 힘든 법입니다. 나아가 3대나 4대까지 내려가 가계가 확장되면 서로의 관계를 일일이 기억하고 지키기가 거의 불가능해집니다. 게다가 주나라 왕족의 가계는 봉건 영토의 개척과 나란히 확장되었습니다. 예를 들어 주공周公의 자손은 천 리 밖 동쪽 지역에 봉해졌고, 소공召公의 자손은 천 리 밖 북쪽 지역에 봉해졌는데, 수십 년 혹은 한 세기가 흐른 뒤에 서로를 어떻게 알 수 있겠습니까.

---

* 부락 연맹체에서 각 부락이 공동으로 인정하는 맹주.

그러나 이런 상황에서도 주나라의 봉건제도는 뜻밖에 수백 년간 유지되었고, 각 제후국은 기본적으로 친족 관계에 따라 계속 서로의 서열과 권리와 의무를 받아들였습니다. 그 것은 첫째로 복잡하고 엄밀한 예의 덕분이었고, 둘째로 문자 덕분이었습니다. 복잡하고 엄밀한 예의는 보통 문자에 의지 해 대대손손 전해질 수 있었습니다.

주나라 초기에 '소목제'昭穆制라는 특별한 형식이 있었습 니다. 친족 관계를 잘 기억하게 하기 위한 것으로, 간단히 말 하면 홀수 세대와 짝수 세대를 구분하는 방식이었습니다. 종 묘에서 제례를 지낼 때 좌측에는 1대, 3대, 5대, 7대 등의 신 위를 줄줄이 놓고, 우측에는 2대, 4대, 6대, 8대 등의 신위 를 줄줄이 놓았지요. 이때 좌측 줄을 '소', 우측 줄을 '목'이 라 불렀습니다. 이런 식으로 하면 윗세대와 아랫세대 사이의 관계를 식별하는 수고가 반으로 줄었습니다. 만약 '소'에 속 하는 사람이 똑같이 '소'에 속하는 사람을 만난 경우 둘은 같 은 세대이거나 아니면 두 세대 차이가 난다는 것을 알 수 있 었습니다. 그리고 '목'에 속하는 사람을 만나면 자기보다 한 세대 위이거나 아니면 한 세대 아래라는 것을 알 수 있었지 요. 이런 식으로 분별하고 기억하면 틀릴 가능성이 절반으로 줄었습니다. 사실 두 세대 간의 관계는 나이 차이가 얼마 안 나서 헷갈리기 쉽습니다. 자기보다 어린 이모와 삼촌이 있는 사람도 적지 않지요. 하지만 상대적으로 자기와 나이가 비슷한 이모할머니나 작은할아버지를 만나기는 어렵습니다.

소목제는 매우 현명한 아이디어였고, 한 세대 건너 더 친근한 관계를 맺는 사람들의 습관에도 부합했습니다. 보통 아버지는 가르치고 단속하는 입장이므로 자식들과 자주 충돌하지만, 할아버지는 상대적으로 손자와 손녀에게 너그럽습니다. 그래서 소 세대와 목 세대는 서로 다투고 경쟁하지만, 소 세대끼리나 목 세대끼리는 조화롭고 화목하게 지냅니다.

소목제를 통해 우리는 친족 간에 혼동을 피하고 서로의 관계를 확인하는 것이 주나라 사람의 삶에서 극히 중요한 문제였음을 알 수 있습니다. 하지만 소목제 제도에도 불구하고 세월이 지나면서 생기는 혼동을 피하기는 어려웠습니다.

주나라에는 소목제보다 더 쓸모 있고 효과적인 도구가 있었습니다. 바로 문자였습니다. 문자로 각 친족 구성원의 항렬과 서열을 기록해 2천 년이 지나도 흐트러질 일이 없는 '족보'를 편찬했습니다. 그뿐만이 아니었습니다. 역시 문자를 이용해 다양한 친족의 항렬과 서열 사이의 상호 대응 관계 그리고 서로 지켜야 할 예의까지 기록해 관계 사이의 상호 행위 규범도 세월의 침식과 변화를 겪지 않게 만들었습니다. 일상적인 예의 규범을 이용해 거꾸로 친족 관계에 대한 인식을 강화한 것이었지요.

봉건제는 사람들 사이의 자연적인 친족 관계에서 비롯되었습니다. 하지만 자연적인 친족의 감정만으로 수백 년 넘게 봉건제를 유지하기란 불가능했습니다. 수많은 사람의 아이디어와 노력이 필요했지요. 주나라 사람에게 친족 관계는 동시에 정치 관계였습니다. 친족 관계가 흐트러지면 필연적으로 정치 관계도 흐트러질 수밖에 없었습니다.

반드시 이름을 바로잡아야

오늘날 남아 있는 『노춘추』는 당시 그런 각국의 역사 기록의 기원과 기능을 알려 줍니다. 『춘추』 같은 글을 통해 각국은 자신들과 천자 그리고 다른 나라와 과거에 가까운 친족이었을 때의 기억을 보존했습니다. 아울러 계속 그런 글을 남기면서 다양한 친족 관계 사이의 '응대 모범'을 정하고 확인했습니다. 바꿔 말해 『춘추』와 기타 유사한 각국의 역사 기록은 그 당시의 '봉건 교본'이었고, 각국은 그것을 이용해 봉건제를 시행하는 각 분야의 응대 규범을 반복적으로 설명하고 전파했습니다.

　한 나라 안에서 경卿이나 사대부와 군주 사이에는 봉건 친족 관계에서 비롯된 권리와 의무가 있었습니다. 또 나라와 나라 사이에도, 각국과 주나라 천자 사이에도 그러한 권리와 의무가 있었지요. 주나라 건립 시기부터 『노춘추』가 시작되는 노은공 원년까지 그런 봉건제도는 이미 최소 3백 년이나 이어져 온 상태였습니다. 그사이에 친족 관계는 너무나 복잡하게 변화하고 발전했으며, 이에 상응해 그 권리와 의무도 매우 복잡해졌습니다.

　친족 관계가 복잡해져 봉건 질서의 유지가 절실해질수록 '정명', 즉 이름을 바로잡고자 하는 충동이 강해졌습니다. 주나라 시대에 정명은 결코 단순한 일이 아니었습니다. 글자 그대로 옳은 정의定義를 따지는 활동이 아니었지요. 그것은 봉건 질서 아래 친족의 어떤 명칭이 행위 규범상의 어떤 요구와 관계가 있는지, 또 친족의 어떤 명칭을 갖고 있을 때 그 명칭과 실제가 부합하려면 어떤 행위를 해야 옳은지 설명하고 확인하는 것이었습니다.

　『논어』의 한 구절에서 자로子路는 공자에게 "위衛나라 군주가 스승님을 쓰고자 하면 스승님은 가장 먼저 해야 할 큰일이 무엇이라고 생각하십니까?"라고 물었습니다. 그러자 공자는 "반드시 이름을 바로잡아야 한다!"라고 답했지요. 그런데 재미있게도 이때 자로는 동의하지 않고 "스승님은 답답하십니다!"라고 반박합니다. 공자의 생각이 케케묵었거나 현실에 맞지 않는다고 생각한 것이겠지요. 그러자 공자는 자로를 꾸짖으며 "너는 너무 천박하구나! 자기가 모르는 일은 상관하지 마라"라고 말합니다.

이 대화의 배경에는 당시 위나라에서 부자가 왕위 쟁탈전을 벌인 사건이 있습니다. 공자는 틀림없이 이 사건을 겨냥해 '정명'을 주장했을 겁니다. 공자의 가치와 신념으로 보면 아버지가 아버지답지 않고 아들이 아들답지 않은 나라는 잘 다스려질 수 없었습니다. 반드시 그 근본 문제부터 우선 처리해야 했지요. 하지만 공자의 수제자이자 공자보다 겨우 아홉 살 아래였던 자로에게는 그런 신념이 없었습니다. 자로가 생각한 것은 분명히 더 직접적인 통치 방안이었을 겁니다.

서주에서 동주로 바뀌었을 때 나타난 가장 핵심적인 변화는 옛 봉건 규범이 점차 주변화되고 잊히면서 그 빈자리를 각국의 자기중심적인 이해타산이 차지한 것이었습니다. 그래서 사람들은 더 이상 온전한 봉건적 틀 아래에서 각자 처한 위치에 따라 처신해야 한다고 생각하지 않았습니다. 공자는 이 점을 가장 걱정하고 꺼려했습니다.

공자는 나라와 나라가 서로 평화롭게 지내려면 예의 그 봉건 질서로 돌아가 서로의 친족 관계를 명확히 인지하고 친족 관계의 상하, 원근을 근간으로 각자의 위치를 정해야 한다고 생각했습니다. 따라서 친족의 위계와 서열이 잊히거나 심지어 사람들이 일부러 이를 무시하면 필연적으로 혼란이 일어날 것이라고 우려했습니다.

『춘추』의 본래 취지는 어떤 일이 일어났는지 기록하는 것이 아니었습니다. 『좌전』에 기록된 풍부한 역사적 사실에서 우리는 당시에 별도로 더 자세히 서술된 자료가 있었음을 알 수 있습니다. 『춘추』는 봉건적 친족 관계의 틀 안에서 그 일들의 의미를 고정하려 했습니다. 『춘추』가 간단하고 요약적인 것은 어떤 제한 때문이 아니라 일부러 그렇게 기록했기 때문입니다. 『춘추』는 그것을 읽는 이들이 모두 그 일들의 전후 맥락을 다 알 것이라고, 최소한 어디에 가면 사실 관련 기록을 찾을 수 있는지 알 것이라고 가정했습니다. 『춘추』는 자상하고 친근하게 이야기를 들려주는 책이 아니라, 정색하고 각 사건 배후의 가치와 도덕적 교훈을 가르쳐 주는 책이었습니다.

그런데 모든 일이 다 기록될 만한 가치가 있는 건 아니었습니다. 더 나아가 기록될 만한 가치가 있는 큰일이라고 해서 꼭 『춘추』에 들어간 것도 아니었습니다. 『춘추』는 전혀 다르면서도 명확한 기준을 갖고 특별히 봉건 질서와 관계 있는 사건을 부각했습니다. 봉건 질서를 심각하게 파괴한 일이나, 어려운 상황에서도 계속 봉건 질서를 지키려 노력한 일을 최우선으로 기록했지요.

경과 전이 병존해야 의미가 있다

이런 시대적 의도를 알고 나면 『춘추』의 근본적인 내적 모순을 이해하기 쉽습니다. 그것은 실제와 당위 사이의 모순입니다. 현실에서 일어난 일을 『춘추』는 문자를 통해 '옳게' 기록했습니다. 이것은 수많은 실제 사건의 '옳지 않은' 과정이나 세부 사항이 기록되는 과정에서 배제되었음을 의미합니다.

예를 들어 『춘추』에서 노소공 23년 경문을 보면 "겨울에 소공이 진晉나라에 가려 했는데, 황하에 이르러 병이 드는 바람에 노나라로 돌아왔다"冬, 公如晉, 至河, 公有疾, 乃復라고 되어 있습니다.

이것이 바로 당위를 기술하는 정명의 글쓰기 방법입니

다. 이 내용은 확실히 실제에 부합하지 않습니다. 사실 그해에 노나라는 근방의 소국인 주루邾婁를 침략해 땅을 점거했습니다. 이에 주루는 당시의 패주霸主인 진문공晉文公에게 고발장을 보냈고, 진나라는 노나라에 해명을 요구했습니다. 노소공은 즉시 사신을 보내 설명하게 했지만, 사신은 진나라에 억류되고 말았습니다. 두려운 나머지 노소공은 직접 나서기로 했습니다. 그런데 뜻밖에 진나라 경계에서 망신스럽게도 진나라에 초대를 거절당하고 말았지요. 노소공은 진나라에 들어가지도 못하고 돌아와야만 했습니다.

실제로는 이러했지만, 애초에 노나라가 주루를 친 것부터 진나라가 노나라의 군주를 업신여긴 것까지 모든 과정이 봉건주의에 위배되었습니다. 이런 경우 『춘추』의 대응 방식은 예에 어긋나는 그런 행동을 인정하지 않는 것이었습니다. 봉건 예의의 관점에서 노나라 군주는 같은 희姬씨 성을 가진 형제 국가이자 똑같이 공국公國의 반열에 있는 진나라에 간 것이었습니다. 그런데도 진나라에 들어가지 못했으니, 이때 예에 맞는 상황은 노나라 군주가 병에 걸리는 것뿐이었습니다. 그래서 『춘추』는 이 일에 관해 "소공이 병이 드는 바람에 노나라로 돌아왔다"라고 적은 겁니다.

오늘날의 일반적인 독자들은 그저 해당되는 글만 볼 뿐,

그 뒤에 어떤 일이 있었는지 연상할 방도가 없습니다. 정말로 노소공이 병이 난 줄로만 알겠지요. 『춘추』가 어떤 의도로 그렇게 쓰였는지는 더더욱 알지 못합니다. 그렇다면 뭔가 이상하지 않나요? 이런·식이라면 "이름을 바로잡는다"는 『춘추』의 기능이 효과가 없지 않겠습니까?

그래서 『춘추』는 줄곧 독립적으로 존재하지 못했습니다. 당위적인 봉건 질서를 널리 전파하는 기능을 발휘하기 위해 적어도 두 가지 '부록'이 필요했습니다. 하나는 상응하는 사실의 기록이었습니다. 알고 보니 당시 노나라가 주루를 쳤고, 진나라는 질서를 유지하는 패주로서 노소공을 퇴짜 놓았다는 것을 사람들에게 이해시켜야 했습니다. 다른 하나는 실제와 당위의 차이에 대한 해석이었습니다. 사실은 이렇고 기록은 이런데, 그 차이가 왜 생겼는지 설명해야 했습니다.

이런 이유로 『춘추』에는 처음부터 경과 전이 병존했습니다. 경의 본문에 경을 설명하는 글이 붙은 채로 왕관학의 내용을 구성했습니다. 더욱이 『춘추』의 전문傳文은 처음부터 두 가지 서로 다른 역할을 맡았을 것이라고 여겨집니다. 하나는 『좌전』처럼 사건의 실제 기록을 보충했을 것이고, 다른 하나는 『공양전』처럼 실제와 당위의 차이를 정리하는 데 집중했을 겁니다.

전은 경을 설명하는 글입니다. 여러 경 중에서 『춘추』는 글로 정착된 연대가 『역경』易經, 『상서』, 『시경』보다 확실히 늦습니다. 하지만 『춘추』의 전은 가장 일찍 출현했을뿐더러 빠르게 전통으로 자리 잡았습니다. 한漢나라 때 기록을 보면 당시 『춘추』의 경문을 해석한 전이 『공양전』, 『곡량전』, 『좌씨전』, 『추씨전』鄒氏傳, 『협씨전』夾氏傳 이렇게 다섯 가지나 있었다고 합니다. 이중 『추씨전』과 『협씨전』은 훗날 실전되었고, 나머지는 지금까지 전해져 내려옵니다.

『좌전』도 『춘추』에 대한 설명이기는 하지만, 그것은 극히 일부일 뿐으로 주요 부분은 "사건을 통해 경을 설명하기 위해" 실제 사건을 서술한 것입니다. 이 부분을 사람들은 『춘추』 경문의 기록과 상호 대조할 수 있지요. 그런 식으로 『춘추』의 정명 정신과 수법을 드러내고 있습니다.

좌구명은 누구인가

『좌전』이라는 이름이 어떻게 붙여졌는지에 대한 한 가지 견해는 저자가 좌구명左丘明이기 때문이라는 겁니다. 『좌전』의 내용과 스타일을 보면 방대한 자료에서 필요한 부분을 뽑고 가지런히 편집한 저자가 있었을 것이라고 충분히 추

측할 만합니다. 세심한 정리가 없었다면 2백여 년의 기나긴 세월을 관통하는 기록이 이토록 훌륭하고 통일적인 면모를 자연스레 갖추지는 못했을 겁니다.

하지만 그 저자가 혼자 힘으로 『좌전』을 완성했을 것 같지는 않습니다. 방대한 문헌을 활용해야 했을 뿐만 아니라 그 문헌들이 노나라 2백여 년간에 국한되지 않기 때문입니다. 『좌전』의 기록은 255년의 세월과 12명의 노나라 군주를 포괄합니다. 이런 기록을 완성할 수 있었으니, 저자는 기나긴 전통의 계승자이자 집대성자였던 것이 분명합니다.

좌구명은 어떤 사람이었을까요? 말하기 어렵습니다. 전통적으로 그의 이름조차 확정되지 않았으니까요. 그의 성이 좌이고 이름이 구명인지, 아니면 성이 좌구이고 이름이 명인지도 정론이 없습니다. 다른 견해도 있습니다. 그의 성은 구이고 이름은 명이며, 앞의 좌는 관직명인 좌사左史의 약칭이라는 겁니다. 이 관직은 『예기』禮記 「옥조」玉藻의 "행동은 좌사가 기록하고 말은 우사가 기록했다"動則左史書, 言則右史書라는 구절을 통해 알려졌습니다. 『좌전』에 기록된 것이 대부분 사건이어서 "행동은 좌사가 기록했다"는 견해에 부합합니다.

좌구명은 사관史官 전통에서 특별히 우수한 사람이었을

겁니다. 일찍이 상나라 때에 대대로 세습되는 사관이 생겼지요. 만약 좌구명이 세습되는 좌사관 가문 출신이었다면, 그가 어떻게 풍부하고 광범위한 문헌 자료를 이해하고 활용할 수 있었는지 합리적인 설명이 가능합니다.

좌구명이 누구였든 우리는 오늘날 그에게 진심으로 감사해야 합니다. 『좌전』은 기원전 8세기 말부터 5세기 초에 동주 각국에서 일어난 사건을 다른 어떤 문헌보다도 분명하고 완전하게 서술하고 있기 때문입니다. 그 시대는 오늘날 '춘추시대'라 불리는 역사 시기이기도 합니다. '춘추'라는 명칭은 『춘추경』에서 비롯되기는 했지만, 단지 『춘추』의 경문만 보면 우리는 안개 속을 헤매듯 춘추시대의 인물과 사건을 제대로 이해하지 못합니다. 오늘날 우리가 춘추시대의 역사를 이야기할 수 있는 것은 사실 『좌전』이 제공해 준 착실한 내용에 힘입은 바 큽니다.

『좌전』은 2천여 년 뒤 우리에게도 봉건 질서가 무엇인지, 봉건 질서하에서 사람들이 어떻게 사유하고 행동했는지 구체적으로 느끼게 해 줍니다. 아울러 수백 년간 지속된 그 질서가 점차 쇠퇴하고 와해되면서 당시 사람들의 삶과 감수성이 얼마나 큰 타격을 입었는지도 말입니다.

물론 『좌전』도 한계가 있기는 합니다. 일반 백성의 활동은 전혀 담겨 있지 않지요. 『좌전』의 핵심은 『춘추』와 마찬가지로 그 시대에 존재한 여러 나라의 관계와 봉건 질서 속에서 특수한 의미가 있었던 사건들입니다. 그래서 불가피하게 군주와 경, 사대부 같은 귀족 계층의 인물만이 주역일 수밖에 없었습니다.

봉건 질서 붕괴의 역사

패주가 부상하던 시기

『좌전』이『상서』와 크게 다른 점은 글의 스타일이 후대 중국어와 관계가 밀접하고 묘사와 논의가 매우 흡입력이 있다는 겁니다. 그래서 오랫동안 중국 산문의 원류로 간주되었고, 2천 년 넘게 중국 지식인들이 반드시 읽고 배워야 할 문장의 교본으로 쓰였습니다. 심지어 21세기에 와서도 중국 중고등학교 교과서에『좌전』의 글이 빠지는 일이 없을 정도입니다.

한 편씩 글을 뽑아 보는 방식으로『좌전』을 읽으면 훌륭한 글을 읽을 수도 있고 훌륭한 이야기를 읽을 수도 있지만, 『좌전』을 전체적으로 관조하기는 어렵습니다. 특히 『좌전』이 '경을 설명하는 전'이라는 것과, 『좌전』과 『춘추』 경문이 어떤 관계가 있는지 파악할 수 없습니다.

이런 결함을 보충하는 가장 좋은 방법은 따로따로 이야기를 읽지 않고 긴 단락을 골라 통째로 읽는 겁니다. 그러면 『좌전』에 어떤 이야기나 글이 있는지 볼 수 있을 뿐만 아니라 『좌전』이 어떤 순서로 글을 배열하고 또 어떤 구조를 갖는지도 살필 수 있습니다.

과거에 역사를 읽은 경험을 통해 우리는 동주 시대가 춘추오패春秋五霸와 전국칠웅戰國七雄이라는 두 시기로 나뉜다는 것을 알고 있습니다. 앞의 간단한 소개에서 '봉건 질서의 붕괴'에 관해 몇 차례 언급하기는 했지만, 대체 춘추오패는 어떻게 형성되었을까요? 봉건 질서는 또 어떤 방식으로 붕괴되었을까요? 추상적으로 이해하기는 어렵습니다. 만약 『좌전』의 기록에 의거해 『좌전』의 시간적 변천을 따라가 본다면 비교적 구체적인 느낌과 이해를 얻을 수 있을 겁니다.

그러면 노장공魯莊公 원년부터 시작해 『좌전』을 원문 순서대로 읽으며 『춘추』의 경문과 대조해 봅시다. 노장공이 재위할 당시가 바로 춘추오패가 부상한 때였습니다. 주나라 천자의 권위가 약해져 명령이 잘 실행되지 않으면서 제齊·진晋·송宋·초楚 같은 몇몇 오래된 나라와 큰 나라가 군사와 외교로 자신들의 지위를 다른 나라보다 높게 끌어올렸습니다. 그럼으로써 주나라 천자를 대신해 봉건 질서를 유지하고 각국이 멋대로 상호 침략하는 것을 저지했지요. 이 새로운 국제 질서가 그 20~30년 사이에 형성되었습니다.

노장공이 즉위할 당시에는 아직 패주가 없었습니다. 하지만 30여 년 뒤 그가 죽었을 때는 제나라가 이미 모두가 공인하는 패주의 자리를 확실하게 차지한 상태였고, 진나라는 막 대란을 겪고 있었습니다. 대란이 끝나고 정권을 장악한 진문공은 얼마 후 제환공齊桓公을 대신해 새로운 패주가 됐습니다.

그 30여 년의 노장공 재위 기간에 벌어진 각국의 사건이 시간 순서대로 하나하나 눈앞에 펼쳐지면, 설명도 필요 없이 우리는 패주 역할의 전후 맥락과 그 당시 시대적 조건에서 패주의 필요성뿐만 아니라, 봉건 질서가 어떻게 갖가지 균열을 노출하고 갈수록 유지되기 어려워졌는지도 알 수 있을 겁니다. 또한 봉건 질서의 붕괴와 패주의 부상이라는 두 가지 사건은 기록에서 인과적으로 명확히 연결되어 있습니다. 불안해진 구질서를 안정시킬 새 역할의 출현이 필요했던 겁니다. 그러나 새 역할의 행위는 또 필연적으로 구질서의 남은 기초를 계속 파괴했습니다.

힘과 구제도의 대결

노장공 원년에 해당하는 『춘추』 경문의 첫 줄은 "원년 봄 정월"元年, 春王正月이며, 이에 대한 전문傳文은 "원년 봄에 즉위를 언급하지 않은 것은 문강文姜이 나라 밖에 있었기 때문이다"元年春, 不稱卽位, 文姜出故也입니다. 사실 『춘추』의 통례에 따르면 노나라에 새 군주가 즉위했을 때는 보통 노장공의 부친인 노환공魯桓公 원년의 경우처럼 "원년 봄 정월, 환공이 즉위했다"元年, 春王正月, 公卽位라고 기록했습니다. 대조해 보면 노장공 원년의 기록엔 '公卽位'(공즉위) 세 글자가 빠져 있습니다. 그 이유는 무엇이었을까요? 노환공의 부인이자 노장공의 어머니였던 문강이 그때 친정인 제나라에 머물며 노나라로 돌아오지 않았기 때문입니다. 이것이 "문강이 나라 밖에 있었기 때문이다"의 의미입니다.

더 파고들어 보겠습니다. 왜 문강은 노나라에 있지 않았을까요? 『좌전』은 이 일의 전말을 한 해 전인 환공 18년에 기록했습니다. 그 기록은 "18년 봄, 환공이 출행하여 강씨

(문강)와 함께 제나라에 가려 했다"十八年春, 公將有行, 遂與姜氏如齊로 시작합니다. 그런데 그때 노나라의 대부 신수申繻가 특별히 노환공에게 "여자에게는 남편이 있고 남자에게는 아내가 있는데 서로 업신여기지 말아야 예가 있다고 합니다. 이를 어기면 반드시 화가 생깁니다"女有家, 男有室, 無相瀆也, 謂之有禮. 易此, 必敗라고 말했습니다. 이 말의 특별한 점은 오히려 전혀 특별한 뜻이 없다는 겁니다. 부부는 친족의 근간으로 서로 혼약을 준수해야 예를 지키는 것이라는 상식을 신수는 굳이 말할 필요가 있었을까요? 노환공이 설마 그것을 몰랐을까요?

계속 읽어 보면 그 연유를 알게 됩니다. 이어지는 글은 "환공은 낙濼에서 제양공齊襄公을 만나고서 문강과 함께 제나라로 갔다. 제양공이 문강과 사통하여 환공이 문강을 꾸짖었고, 문강은 이를 제양공에게 고했다"公會齊侯于濼, 遂及文姜如齊. 齊侯通焉, 公謫之, 以告입니다.

제양공과 문강은 아버지가 같고 어머니는 다른 이복 남매였습니다. 두 사람의 사통은 노환공에게 수치를 안겼을 뿐만 아니라 그 자체로 반인륜적 행위였지요. 더 기막힌 것은 그들의 사통이 그때가 처음이 아니었다는 겁니다. 일찍부터 소문이 돌아 거의 공개된 비밀이나 다름없었습니다. 그래서 신수는 노환공이 문강을 데리고 제나라로 간다는 소식을 들었을 때 특별히 그에게 그런 경고를 했던 겁니다. 신수는 사실상 노환공에게 제나라에 가지 말라는 권유를 한 게 아닐까요? 안 좋은 소문이 파다한 상황에서 문강을 제나라로 돌아가게 하면 노환공 스스로 그녀와 제양공에게 밀회를 가질 기회를 주는 것이 아니겠습니까?

이어서 "여름 4월 병자일, 제양공이 환공을 위해 연회를 베풀었다. 제양공은 공자 팽생彭生에게 환공의 수레를 몰게 했는데, 환공이 수레 안에서 서거했다"夏四月丙子, 享公. 使公子彭生乘公, 公薨於車라는 문장이 나옵니다. 실로 미스터리한 사건이 벌어졌습니다. 천만뜻밖에도 제양공이 노환공을 위해 안배해 준 수레에서 그가 숨을 거둔 것이었습니다. 어쨌든 앞뒤 맥락을 보면 『좌전』은 이 사건에 대해 동기부터 사인까지 모든 설명을 제공하고 있습니다.

노환공이 제나라에서 죽자, 군주를 잃은 노나라를 대표해 노나라의 사신이 제나라에 건너가 말합니다. "우리 군주가 귀국 군주의 위엄을 경외하여 편안히 국내에 머물지 못하고 몸소 귀국에 가서 양국의 오랜 우호 관계를 수복하려 하셨습니다. 그런데 회합의 예를 다 마치고도 살아서 돌아오지 못하셨고 이를 책임지는 사람도 없으니 제후들 사이에서 안 좋은 말이 나올 겁니다. 그러니 청컨대 공자 팽생을 벌하여 그런 말이 없게 하소서."寡君畏君之威, 不敢寧居, 來修舊好. 禮成而不反, 無所歸咎, 惡於諸. 請以彭生除之. 그래서 제나라는 노나라에 대한 사과의 표시로 공자 팽생을 죽였습니다.

이 사건은 우리가 그 시대의 분위기를 이해하는 데 큰 도움을 줍니다. 한편으로 제양공은 전통 예절을 완전히 무시했습니다. 이복 누이동생인 문강을 노나라 군주에게 시집보내 놓고도 계속 노골적으로 그녀와 사통했을 뿐만 아니라, 한술 더 떠 그녀를 지키려고 아예 노나라 군주를 살해했으니까요. 그가 이토록 오만방자했던 것은 역시 제나라가 대국이자 강국이었기 때문입니다.

하지만 다른 한편으로 제양공 같은 악질 군주도 제후들의 집단적인 비판을 두려워했습니다. 노나라가 "제후들 사이에서 안 좋은 말이 나올 것"이라는 이유로 요구를 내놓았을 때 제양공은 그것을 받아들이고 따라야만 했습니다.

다시 말해 그 시대에는 두 가지 서로 다른 논리와 질서가 병존하며 서로 힘겨루기를 했습니다. 하나는 약육강식의 논리로 강자를 위에, 약자를 아래에 두었습니다. 강자가 큰소리를 치면 약자는 듣고 따르는 수밖에 없었습니다. 다른 하나는 전통적인 봉건 질서였습니다. 친족 간의 친소親疏와

장유長幼가 밖으로 확장된 윤리적 관계를 바탕으로 행위의 옳고 그름과 좋고 나쁨을 판정했지요. 이 두 가지 논리와 질서가 다양한 상황에서 상호작용하며 어느 한쪽이 이기거나 아니면 서로 타협을 보았습니다. 이것 또한 『좌전』에서 자주 눈에 띄는 내용입니다.

쟁점을 부각시키는 서술 방식

노환공이 그런 일로 제나라에서 죽은 탓에 문강은 당연히 노나라로 돌아갈 면목이 없어 제나라에 눌러앉았습니다. 『춘추』에서 통례를 깨고 "장공이 즉위했다"公卽位를 적지 않은 것은 그 황당하고 패륜적인 일을 부각하기 위해서였을 겁니다.

이어서 『춘추』는 "3월에 부인이 제나라에서 지위를 사양했다"三月, 夫人孫于齊라고 기록했고, 이에 대해 『좌전』은 "3월에 부인이 제나라에서 지위를 사양했다. 강씨라고 부르지 않은 것은 장공이 모자의 관계를 끊어서였으니 예에 맞다"三月, 夫人孫于齊. 不稱姜氏, 絶不爲親, 禮也라고 설명했습니다. 문강은 제나라에서 노나라 군주 부인의 신분을 포기했습니다. '孫'(손)은 '遜'(손)과 마찬가지로 지위를 포기한다는 뜻입니다. 그런데 여기에서 그녀의 정식 직함인 '부인'을 쓰고 사적 호칭인 '강씨'를 쓰지 않은 것은, 그녀가 그런 일을 저질러 노장공이 모자 관계를 끊었기 때문이었습니다. 따라서 예에 따라 비교적 친근한 호칭은 쓸 수 없었습니다.

노환공이 죽었는데도 문강이 상을 치르러 노나라로 돌아가지 않아 노환공의 장례는 엄수되지 못했습니다. 이 때문에 노장공의 즉위도 예를 충족시키지 못했고, 3월에 문강이 정식으로 제나라에 머무르게 되자 노장공은 그녀와의 모자 관계를 끊어 비로소 예를 다 갖추었습니다.

그다음 『춘추』의 경문은 "가을, 궁 밖에 왕희王姬의 숙소를 지었다"秋, 築王姬之館于外이며, 『좌전』은 이에 대해 "가을, 궁 밖에 왕희의 숙소를 지었다. 밖에 있는 것이 예에 맞다"秋, 築王姬之館于外. 爲外, 禮也라고 간단히 설명합니다. 그해에 주평왕周平王의 손녀가 제나라로 시집을 가게 됐는데, 그녀가 바로 왕희였습니다. 왕희는 서주 시대 공주의 칭호였지요. 그런데 봉건 관습에 따르면 주나라 천자는 직접 혼례를 주재할 수 없기 때문에 우선 왕희를 동성同姓인 노나라에 보냈습니다. 노나라 군주에게 보내 그에게 혼례를 주재하게 한 겁니다. 노나라는 천자와 같은 희씨였고, 지리적으로 제나라 근방인 데다 지위도 제나라와 똑같이 가장 높은 공公이었습니다. 따라서 노나라가 천자 대신 왕희를 시집보내는 데 가장 적합했습니다. 노나라에 온 왕희는 진짜 노나라 공주가 아니라 '왕희'였기 때문에 특별한 대접을 해 줘야 했습니다. 그녀를 노나라 궁중에 들이는 것은 옳지 않았습니다. 그래서 그녀를 위해 궁 밖에 따로 건물을 지어 잠시 묵게 했습니다. 그렇게 하는 게 예의에 맞았습니다.

그해에 『춘추』의 기록은 모두 여덟 개입니다. 그런데 『좌전』은 그중 세 기록에만 설명을 달았습니다. 나머지 다섯 기록은 왜 설명하지 않았을까요? 첫째는 사건이 단순하고 분명해서 설명이 필요 없었기 때문입니다. 예를 들어 "왕희가 제나라로 출가했다"王姬歸于齊는 앞의 기록과 이어지는 내용이라 나중에 왕희가 순조롭게 제나라로 시집을 갔다는 것을 금세 알 수 있습니다. "겨울 10월 을해일, 진나라 군주 임林이 타계했다"冬十月乙亥, 陳侯林卒 같은 경우도, 진나라 군주가 중요한 제후이기는 하지만 그의 죽음에 복잡한 사정이 있었던 것이 아니어서 『춘추』의 직접적인 기록만으로 충분했습니다.

둘째는 사건의 경과가 예에 들어맞아 어떤 문제나 미심쩍은 점이 없어 『좌전』이 굳이 보충할 필요가 없었기 때문입니다. 예를 들어 "주나라 천자가 영숙榮叔을 보내 환공의 명을 하사했다"王使榮叔來錫桓公命는 천자의 명의로 노나라의 작위를 노장공에게 하사해 계승하게 하려고 주나라 천자가 영숙에게 그 임무를 맡겨 파견했다는 내용입니다. 영숙의 지위와 능력은 틀림없이 그 임무에 걸맞았을 겁니다.

더 자주 눈에 띄는 이유도 있습니다. 만약 『춘추』에 기록된 사건이 나중에 계속 이어지는 경우 『좌전』은 굳이 그해에 곧바로 설명을 달지 않고 사건이 가장 극적이거나 논쟁적으로 발전했을 때 한꺼번에 설명을 했습니다. 이 점을 통해 우리는 『좌전』과 『춘추』 경문의 미묘한 차이를 발견할 수 있습니다. 『춘추』는 엄격히 연도별로 서술되어 있지만, 『좌전』은 독자가 사건의 전후 맥락과 인과관계를 파악할 수 있도록 기사본말紀事本末*의 방식을 취했습니다.

국제 관계에서의 연쇄반응

『춘추』 경문에 기록된 노장공 2년의 사건은 모두 다섯 가지입니다. 하지만 상술한 원칙에 따라 『좌전』은 한 사건에만 설명을 달았습니다. 그 사건에 관한 경문은 "겨울 12월, 부인 강씨가 작禚에서 제양공과 만났다"冬十有二月, 夫人姜氏會齊侯于禚이며, 전문은 "장공 2년 겨울, 부인 강씨가 작에서 제양

---

* 사건의 원인과 전개 과정, 결말을 체계적으로 기술하는 서술 방식.

공과 만났는데, 『춘추』에서 이를 적은 것은 그들이 간통했기 때문이다"二年冬, 夫人姜氏會齊侯于禚, 書, 姦也입니다. 『춘추』가 이 일을 기록한 데에는 질책의 의미가 있음을 강조합니다. 노장공 2년 겨울에도 문강이 계속 제양공과 몰래 만나 사통을 했고, 노환공이 죽었는데도 전혀 조심하지 않았음을 사람들에게 알리려 했다는 것이지요. 이것은 동시에 노장공 즉위 초기에 노나라 입장에서 가장 중요하면서도 성가셨던 일이 문강과 제양공의 불륜이었고, 그로 인해 제나라와 노나라 사이에 예측하기 힘든 변수가 생겼음을 보여 줍니다.

『춘추』의 노장공 3년 경문은 "장공 3년 봄, 익溺이 제나라 군사와 함께 위衛나라를 공격했다"三年春王正月, 溺會齊師伐衛로 시작하며, 이에 대한 전문은 "장공 3년 봄, 익이 제나라 군사와 함께 위나라를 공격했다고 한 것은 그것을 꾸짖은 것이다"三年春, 溺會齊師伐衛, 疾之也입니다. 전문은 설명으로 겨우 '疾之也'(질지야) 세 글자를 달았을 뿐이지만, 이것만으로도 앞의 일이 예법에 어긋났음을 우리에게 알려 줍니다. 익은 노나라의 대부로, 군대를 이끌고 제나라에 합류해 함께 위나라를 공격했습니다. 그런데 『춘추』에서는 국내의 대부를 말할 때 보통 이름 뒤에 '씨'氏를 붙이는 게 관례인데, 여기서는 존중의 뜻을 나타내는 '씨'를 생략하고 익이라고만 칭했습니다. 이는 익의 행위를 인정하지 않는다는 뜻입니다. 왜 "그 것을 꾸짖"었을까요? 익은 노나라 군주의 명으로 제나라를 도와 싸운 게 아니었기 때문입니다. 그는 혼자 결정해 자신의 병마를 이끌고 제나라로 갔습니다. 앞의 내용을 읽었으면 누구나 이해가 갈 겁니다. 노환공의 죽음과 문강의 불륜 때문에 노나라와 제나라의 관계가 얼어붙어 있던 그때, 노나라 대부가 멋대로 제나라 군대에 합류했으니 노나라 입장에서는 미심쩍고 가증스러운 것이 당연했습니다.

더 나아가 노장공은 즉위한 지 3년이 되었지만 아직 노나라 국정을 완전히 장악하지 못한 상태였습니다. 그런데 가뜩이나 문강 때문에 노나라와 제나라의 관계가 껄끄러운 상황에서 노나라의 중요한 대부가 자신의 동의도 없이 멋대로 제나라의 군사 행동을 도왔으니 장공으로서는 참기 힘들었을 겁니다. 우리는 노환공 18년부터의 관련 기록을 연결해 읽어야만 『춘추』가 "익이 제나라 군사와 함께 위나라를 공격했다"라는 사건을 독자가 어떻게 이해하고 느끼기를 바라는지 알 수 있습니다. 『춘추』는 한 사건을 기록하는 동시에 독자가 어떤 방식으로 그 사건을 대하고 평가해야 하는지 안내합니다. 기록과 가치, 서술과 평가가 긴밀하게 하나로 묶여 있는 것이지요.

이어지는 경문은 "여름 5월, 환왕桓王을 장사 지냈다"夏五月, 葬桓王입니다. 『좌전』은 여기에 단 두 글자 '緩也'(완야: 늦었다)만 설명으로 덧붙였습니다. 두 글자 중에서도 실질적으로 뜻이 있는 글자는 '緩' 한 글자뿐입니다. 하지만 이 한 글자만으로도 우리를 조사에 나서게 하기에 충분합니다. 환왕은 주나라 환왕을 뜻합니다. 주환왕은 대체 언제 죽었을까요? 기원전 697년에 죽었습니다. 그런데 노장공 3년은 기원전 691년이었지요. 주환왕이 죽은 지 6년 뒤에야 장례를 치렀으니 확실히 늦었습니다. 『춘추』는 특별히 이를 기록해 장례가 늦어진 이유가 따로 있었음을 암시했습니다. 주환왕이 죽은 뒤 주장왕周莊王이 뒤를 이었지만 실질적인 권력은 주공周公 흑黑에게 돌아갔습니다. 그는 주장왕을 폐하고 왕자 극克을 왕으로 세우려고 획책했습니다. 그래서 조정에 분란이 끊이지 않아 주환왕의 장례 같은 큰일조차 뒤로 미뤄졌던 겁니다.

『춘추』는 주로 노나라에서 일어난 사건을 기록하면서 관련 국가들의 상황을 곁들이는 식이었기 때문에 주나라 조정에 대한 묘사는 매우 제한적입니다. 그래서 그 당시 주나라 천자의 활동에 대해 우리가 알 수 있는 것도 그리 많지 않습니다. 그러나 관점을 바꿔 보면, 이 내용만으로도 동주 이

후 명분상으로는 여전히 주나라 천자가 정치의 중심이긴 했지만 그의 조정에 문제가 많아 점점 더 제후들을 호령하기 힘들어졌음을 알 수 있습니다. 그로 인해 시대의 동력과 주된 변화도 각국의 제후에게로 옮겨 갔지요.

그다음 경문은 "기계紀季가 휴鄐를 제나라에 바쳤다"紀季 以鄐入於齊이고, 『좌전』은 여기에 "기紀나라는 이때부터 분열되었다"紀於是乎始判라고 설명을 달았습니다. 이 사건도 봉건 질서의 와해를 시사해 줍니다. 기나라 군주의 동생(기계)이 자신의 봉지封地인 휴를 제나라에 바쳤는데, 이는 대국이 소국의 분쟁에 영향을 끼친 예입니다. 본래 그 형제의 불화 원인은 자신을 지키거나 보복을 하려는 데 있었습니다. 그런데 동생은 아예 봉지를 갖고 제나라에 몸을 의탁해 제나라의 지지와 보호를 구했습니다. 그래서 본래 작았던 기나라는 더 작아졌고, 본래 컸던 제나라는 더 커졌습니다. 이처럼 여러 나라 사이의 세력 관계는 점차 대국은 더 커지고 소국은 더 작아지는 양극화의 방향으로 나아갔습니다.

그다음 사건의 경문은 "겨울, 장공이 활滑에서 여러 날 머물렀다"冬, 公次於滑이며, 『좌전』의 전문은 "겨울, 장공이 활에서 여러 날 머물며 정나라 군주와 만나 기나라 문제를 논의하려 했다. 정나라 군주는 어렵다고 거절했다. 무릇 군대는 하루 묵는 것을 사舍라 하고 이틀 묵는 것을 신信이라 하며 이틀이 넘으면 차次라 한다"冬, 公次於滑, 將會鄭伯, 謀紀故也. 鄭伯辭以難. 凡師, 一宿爲舍, 再宿爲信, 過信爲次입니다. 먼저 전문의 후반부를 보면 군대가 밖에서 하루, 이틀 그리고 그 이상 머무는 것에 관한 명칭이 나옵니다. 봉건 질서와 예의에서는 군대가 밖에 머무는 시간의 길고 짧음에 매우 다른 의미가 있었기 때문에 이처럼 명칭을 정해 자세하고 정확하게 분별한 겁니다.

그런데 노장공은 군대를 거느리고 밖에 나가 왜 전진도 후퇴도 하지 않고 활이라는 곳에 머문 걸까요? 경문에 나온 대로 정나라 군주와 만나 기나라 문제를 논의하기 위해서였습니다. 알고 보면 이 기록은 기나라가 분열되어 휴 땅이 제나라에 바쳐졌다는 앞의 기록과 이어집니다. 노장공은 제나라가 이득을 얻는 것을 보고 싶지 않아 출병하여 기나라 군주를 도와 휴를 탈환하고자 했습니다. 하지만 혼자 힘으로는 자신이 없어 정나라를 끌어들여 같이 움직이려 했지요. 그런데 며칠을 기다렸지만 좋은 소식을 얻지 못했습니다. 정나라 군주가 국내 사정이 불안하다는 이유로 거절했기 때문입니다.

정나라의 국내 사정이 왜 불안했는지에 관해서는 역시

『좌전』에 기록이 있습니다. 당시 정나라 군주는 자의子儀였습니다. 자의의 부친이 죽은 뒤 군주 자리는 원래 자의의 형인 정여공鄭厲公에게 돌아갔습니다. 그런데 얼마 못 가 정나라의 세경世卿과 대부가 여공의 소행에 불만을 품고 쿠데타를 일으켜 그를 쫓아낸 다음 자의를 군주로 세웠습니다. 그런데 정여공은 정나라를 떠나지 않고 자신의 기반인 역櫟에 머물며 계속 자의를 위협했습니다. 이런 상황이었으니 자의는 확실히 나라 밖으로 군대를 보내 노장공을 도울 만한 처지가 아니었습니다.

자의가 제의에 응하지 않아 노장공은 할 수 없이 군대를 철수해야 했습니다. 이것이 바로 노장공이 "활에서 여러 날 머문" 이유였습니다. 군대가 출병해 활에서 여러 날 머물렀지만, 결국 싸워 보지도 못하고 "여러 날 머물렀다"는 기록만 남긴 것이지요.

소국 기나라의 내부 분쟁은 우선 대국 제나라에 영향을 끼쳤고, 이어서 제·노 두 대국의 껄끄러운 관계로 인해 노나라에도 영향을 끼쳤습니다. 나아가 노나라의 계획이 정나라에도 영향을 끼쳤지요. 이 사례에서 우리는 그 시대 봉건제도 안에서의 연쇄반응 모델을 확인할 수 있습니다.

예에 맞는 침략 행위

『좌전』 그리고 『공양전』과 『곡량전』은 모두 『춘추』의 어떤 특색을 부각합니다. 바로 신중한 언어 사용입니다. 겉으로 보면 서로 통하는 글자 같아도, 그리고 똑같은 견해 같아도 『춘추』를 읽을 때는 절대로 대충 넘어가서는 안 됩니다. 『춘추』의 글쓰기에는 진정으로 호환 가능한 '동의어'가 거의 없습니다. 각 글자나 단어 사이에 모두 미세한 차이가 있으며, 그 미세한 차이를 잘 조절해 간결한 스타일을 구사함으로써 복잡한 가치판단과 배후에 숨겨진 근본적인 논의論議를 전달합니다.

『춘추』의 노장공 4년 경문에는 여섯 가지 일이 기록되어 있지만, 『좌전』에서 이에 상응하는 기록은 두 가지뿐입니다. 게다가 그중 하나는 경문과 무관한 내용입니다. 『춘추』에는 없는 일을 기록했지요.

『좌전』의 그 전문은 "장공 4년 봄 3월, 초무왕楚武王이 형시荊尸를 치르고 군대에 무기를 나눠 주고서 수隨나라를 정벌하려 했다"四年春王三月, 楚武王荊尸, 受師子焉, 以伐隨입니다. 당시 초나라는 또 다른 대국으로 방대한 무력을 보유했습니다. 또한 '무왕'이라는 시호를 보면 그 군주는 무예를 좋아하고

66

전쟁을 즐겼던 것이 분명합니다. 그리고 노나라와 제나라의 군주는 모두 칭호가 '공'公이었지만 초나라 군주는 '왕'이었습니다. 사실 주나라 시대의 봉건 작위는 공, 후侯, 백伯, 자子, 남男 이렇게 다섯 등급으로 당연히 왕은 없었습니다. 왕은 천자의 칭호였으니까요. 그런데 당시 가장 남쪽에 치우쳐 있던 초나라는 봉건 작위 제도를 무시하고 참람하게도 스스로 왕이라 칭했습니다.

'형시'는 출정을 앞둔 장병들을 모아 놓고 치르는 특별한 의식이었습니다. 초나라의 별칭인 형荊 자를 쓴 것을 보면, 그 기원이 남쪽으로 중원에는 없었던 모종의 특수한 대형으로 의식을 치렀던 게 분명합니다. 초무왕은 이 의식을 주재하고 장병들에게 병기를 나눠 준 뒤 출병하여 수나라를 공격하려 했습니다. 그것은 실로 요란하고 오만방자한 광경이었습니다. 대국이 무력의 우세를 무기로 거리낌 없이 소국을 정벌하려 했으니까요. 이것 역시 봉건 질서 붕괴의 명확한 상징입니다.

그런데 초무왕이 "목욕재계를 하려고 왕궁에 들어갔을 때 부인 등만鄧曼에게 '가슴이 두근거리오'라고 말했다"將齊, 入告夫人鄧曼曰, "余心蕩"고 합니다. 요즘 말로 하면 심근경색의 전조 증상이 온 것이지요. 이에 등만은 탄식하며 "대왕의 복이 다하였습니다. 물이 차면 넘치는 것이 자연의 도리이지요"王祿盡矣, 盈而蕩, 天之道也라고 말했습니다. 다시 말해 초무왕의 야심이 생명이 용납할 수 있는 선을 넘었고, 그로 인해 기존의 복이 다 사라졌다는 것이었습니다. 확실히 당시 남방의 초 지역에는 사물이 궁극에 달하면 본래 상태로 돌아간다는 관념이 이미 존재했습니다. 이것은 훗날 출연한 노자 사상의 근본이기도 합니다. 도가의 발전은 틀림없이 남방 지역과 밀접한 관계가 있었습니다.

부인 등만은 분석을 이어 가는 동시에 섬뜩한 예언을 합니다. "선왕이 그것을 알고서 대왕이 전쟁을 앞두고 명령을 내리려 할 때 가슴을 두근거리게 한 겁니다. 만약 군대에 아무 손실이 없고 대왕이 행군 중에 서거하신다면 나라의 복일 겁니다."先君其知之矣, 故臨武事, 將發大命, 而蕩王心焉. 若師徒無虧, 王薨於行, 國之福也. 참으로 기괴한 말입니다. 선왕이 정말 경고를 했다면 왜 출병하지 말라고 초무왕을 말리지 않았을까요? 또 왜 그가 도중에 죽고 군대에 해를 끼치지 않는 것이 나라의 복이라고 했을까요?

『좌전』은 그녀의 예언에 초무왕이 어떻게 반응했는지는 알려 주지 않습니다. 단지 예언이 이뤄진 것만 기록했습니다. "초무왕은 출정했다가 만목樠木 아래에서 서거했다. 영윤

令尹 투기鬪祁와 막오莫敖 굴중屈重은 계속 군대를 인솔해 길을 열고 차수溠水에 다리를 놓아 건넜다. 그리고 수나라 가까이에 군영을 세우자 수나라 사람이 두려워하며 투항해 강화를 맺었다."王遂行, 卒於樠木之下. 令尹鬪祁莫敖屈重除道梁溠, 營軍臨隨, 隨人懼, 行成. 여기에서 '영윤'과 '막오'는 모두 초나라의 관직명입니다.

이어지는 전문은 "막오는 부여받은 왕명으로 수나라에 들어가 수나라 군주와 결맹하였고, 한수漢水 강변에서 회합을 갖기로 한 뒤 철군하였다. 한수를 건넌 뒤에야 초무왕의 죽음을 알렸다"莫敖以王命入盟隨侯, 且請為會於漢汭, 而還. 濟漢而後發喪입니다.

내용만 보면 초나라가 수나라를 정벌한 과정일 뿐이지만, 그 행간에서 수많은 봉건국가의 관계에 나타난 새로운 변화와 원칙이 드러납니다. 우선 초무왕의 침략 행위를 상대였던 수나라뿐 아니라 다른 제후도 모두 알고 있었을 겁니다. 아마도 초무왕에게는 다른 나라들이 어떻게 나오는지 시험해 보려는 의도도 있었겠지요. 그리고 부인 등만이 초무왕에게 출병을 취소하라고 하지 않은 것은, 만약 그때 출병하지 않으면 초나라에 큰 화가 닥치리라는 것을 알았기 때문입니다. 초무왕은 너무 오만방자한 데다 노골적으로 국제 안전

체계도 깨뜨렸지만, 여러 제후들은 감히 수나라를 위해 초나라를 적대시하지 못했습니다. 초나라의 강대한 군사력을 꺼려 대응을 자제했던 겁니다. 이런 상황에서 초나라군이 갑자기 출병을 멈춘다면 그들은 분명 초나라 내부에 문제가 생겼다고 판단했을 겁니다. 나아가 그 기회를 틈타 초나라를 비난하고 초나라의 난폭한 행위를 빌미로 삼아 연합군을 조직해 공격해 왔을 수도 있습니다.

그래서 부인 등만은 초무왕이 도중에 사망하는 두려운 결과가 차라리 '나라의 복'이라고 말했을 겁니다. 그녀는 더 두려운 '나라의 화'에 대해서는 말하지 않았습니다. 이후 초무왕이 출정한 것은 그 역시 등만의 우려에 동의했음을 보여줍니다. 예언대로 그는 정말 도중에 사망했지만 행군은 중단되지 않았습니다. 영윤과 막오가 스스로 결정해 계속 수나라로 진군했을 리는 없습니다. 틀림없이 초무왕이 미리 지시해 놓았을 겁니다.

그런데 수나라가 투항하고 결맹까지 맺었는데, 왜 또 "한수 강변에서 회합을 갖기로" 했을까요? 왜냐하면 그래야 예의가 완성되는데, 만약 그 예의를 어기면 남에게 의심을 살지도 몰랐기 때문입니다. "한수 강변에서 회합을 갖기로 한" 것은 제후들에게 그때까지 초무왕이 살아 있었던 것처럼 연극을 꾸미기 위함이었습니다. 한수 이쪽 편에서 결맹을 완성하고 저쪽 편으로 넘어간 뒤에 초무왕이 사망한 것으로 가장하려 했던 겁니다. 이런 식으로 초나라 군대는 봉건 예의의 큰 금기를 어긴 것을, 즉 군주가 죽었는데 즉시 철병하지 않고 그 사실을 알리지도 않은 것을 숨길 수 있었습니다.

그들이 그렇게 위장해야만 했던 것을 보면, 당시 초나라가 오만하게 왕의 칭호를 썼음에도 역시 전통적인 예의를 무시하지는 못했음을 알 수 있습니다. 적어도 예의를 어긴 탓에 다른 나라에 빌미를 잡혀, 적대적인 나라들이 서로 연합해 공격해 오는 일이 없도록 조심해야 했던 겁니다.

최후의 예교 질서

군자는 계책을 정하고 움직인다

이어서 1년 전 사건에 대한 『좌전』노장공 4년의 후속 기록을 보겠습니다.

『춘추』의 경문은 "기나라 군주가 영원히 나라를 떠났다"紀侯大去其國이며, 전문은 "기나라 군주가 제나라에 복종할 수 없어 나라를 동생에게 넘겼다. 여름에 기나라 군주는 완전히 자기 나라를 떠나 제나라의 재난을 피했다"紀侯不能下齊, 以與紀季. 夏, 紀侯大去其國, 違齊難也입니다. 1년 전, 기나라 군주의 동생은 자신의 봉지를 갖고 제나라에 몸을 의탁했습니다. 그

목적은 당연히 제나라의 힘을 끌어들여 자기 형과 대적하기 위함이었지요. 기나라 군주는 제나라 같은 대국에 대항하는 것은 불가능하다는 걸 알았습니다. 제나라에 투항해 명령에 따르는 수밖에 없었지요. 하지만 그는 억울하게 제나라에 굴종하는 것을 참을 수 없어 아예 군주 자리를 포기하고 동생에게 넘겨주었습니다. 그리고 영원히 기나라를 떠났지요. 그는 그렇게 제나라의 압박으로 인한 재난을 피했습니다.

이 일은 노장공이 예상한 것보다 더 빠르고 극적으로 전개되었습니다. 노장공은 정나라와 손잡고 기나라의 정세에 개입해 기나라 군주를 도와주려 했지만, 채 1년도 되지 않아 휴 지역뿐 아니라 기나라 전체가 제나라의 세력 범위에 들어갔습니다.

노장공 5년으로 가면 경문 중에 "가을에 예邸나라의 이래犂來가 알현하러 왔다"秋, 郳犂來來朝라는 기록이 있습니다. 『좌전』은 특별히 "이래라고 이름을 기재한 것은 이래가 아직 왕명을 못 받았기 때문이다"名, 未王命也라고 설명했습니다. 이 기록은 예나라 군주 이래가 노나라에 와서 장공을 알현했다는 내용입니다. 예나라는 주邾나라에서 떨어져 나온 소국이어서 소주국小邾國이라고도 불렸습니다. 주나라 자체도 소국이었으니 예나라는 훨씬 더 작았을 겁니다. 기록에서 직접적으로 '이래'라고 예나라 군주를 칭한 것은 그가 아직 주나라 천자에게 봉작을 받지 못했기 때문입니다.

이래가 즉위하자마자 허겁지겁 노나라로 달려간 일은 그 당시 생존이 위태로웠던 소국들의 애처로운 현실을 말해줍니다. 예나라 입장에서 주나라 천자의 봉작은 형식일 뿐이었습니다. 근방에 있는 노나라의 지지야말로 나라의 안위와 직결되는 문제였지요. 노나라가 이래를 인정해 주는 것이 주나라 천자가 명분을 주는 것보다 더 긴급하고 중요했던 겁니다. 이로써 노나라처럼 봉건 질서를 중시했던 나라조차 필연적으로 봉건 질서 파괴의 과정에 휘말려 들어갔음을 알 수 있습니다.

그다음 경문은 "겨울에 장공은 제나라, 송나라, 진陳나라, 채蔡나라 사람과 모여 위나라를 정벌했다"冬, 公會齊人宋人陳人蔡人伐衛이며, 전문은 "겨울에 위나라를 정벌한 것은 위혜공衛惠公을 돌려보내기 위해서였다"冬, 伐衛, 納惠公也입니다. 이 사건을 이해하려면 먼저 노환공 16년으로 돌아가 위나라에서 일어난 사건을 살펴봐야 합니다.

『춘추』의 노환공 16년 경문에는 "11월, 위혜공이 제나라로 도망쳤다"十有一月, 衛侯朔出奔齊라는 기록이 있는데, 이에 대해 전문은 꽤 길게 전후 맥락을 설명합니다. 먼저 "애초에 위선공衛宣公이 이강夷姜과 사통하여 급자急子를 낳고 그를 우공자右公子에게 맡겼다. 그리고 급자를 위해 제나라에서 며느리를 데려왔는데, 그녀가 아름다워 위선공이 취하였다. 위선공은 그녀에게서 수壽와 삭朔을 얻고 수를 좌공자左公子에게 맡겼다"初, 衛宣公烝於夷姜, 生急子, 屬諸右公子, 爲之娶於齊, 而美, 公取之, 生壽及朔. 屬壽於左公子라고 서술했는데, 이 짧은 글에는 놀랍도록 음란한 이야기가 들어 있습니다. '烝'(증)은 반인륜적 행위로 남자가 친족 관계에 있는 윗대의 여자와 간통하는 행위를 뜻합니다. 당시 위선공의 간통 상대는 그의 부친 위장공衛莊公의 첩인 이강이었습니다. 명의상으로 위선공의 의붓어머니였지요. 그는 의붓어머니와 간통해 아들 급자까지 낳았으며, 불륜 사실을 숨기기 위해 급자를 자기 형제에게 맡겼습니다. 그리고 나중에 장성한 급자가 제나라의 여자를 아내로 맞이하도록 조치했습니다. 그런데 위선공은 곧 가문에 들어올 예비 며느리의 미모가 출중하자 아예 자기 아내로 삼고, 선강宣姜이라는 그 여인에게서도 수와 삭이라는 두 아들을 얻었습니다. 그런 다음에 수를 또 다른 자기 형제에게 보살피게 했지요.

그다음 전문은 "이강이 목을 매어 죽자 선강과 공자 삭은 급자를 모함했다. 이에 위선공은 급자를 제나라에 사신으

76

로 보내고 도적을 시켜 신莘에서 그를 죽이라 했다"夷姜縊, 宣
姜與公子朔構急子. 公使諸齊, 使盜待諸莘, 將殺之인데, 또 놀랍도록 잔
혹한 음모가 담겨 있습니다. 급자의 생모인 이강이 나중에
목을 매어 죽자, 선강과 그 아들인 삭은 그 기회를 틈타 위선
공 앞에서 급자를 비방합니다. 위선공은 그들의 말만 믿고
급자를 제나라에 사신으로 보내기로 합니다. 아울러 도적을
신이라는 곳에 매복시켜 급자가 그곳을 지날 때 죽이도록 지
시합니다.

이어지는 기록은 형제간의 의리에 관한 이야기로 분위
기가 급변합니다. 선강의 다른 아들인 수가 생모와 동생의
음모를 알고 황급히 급자를 찾아가지요. "수가 이 사실을 알
리고 도망치라고 하자 급자가 안 된다고 하면서 말하길, '아
버지의 명을 팽개친다면 그런 아들이 무슨 소용이 있겠는가?
그런 짓을 저지른다면 아버지가 없는 나라를 찾아가 살아야
할 것이다'라고 했다."壽子告之, 使行. 不可, 曰, "棄父之命, 惡用子矣?
有無父之國則可也." 그다음 기록은 이렇습니다. "급자가 떠나려
할 때 수는 급자에게 술을 먹였다. 그리고 급자의 깃발을 싣
고 먼저 출발해 도적에게 살해당했다. 나중에 급자가 도착해
말했다. '내가 바로 네가 찾던 사람이다. 이 사람이 무슨 죄
가 있느냐? 나를 죽여다오!' 도적은 급자도 죽였다."卽行. 飮以

酒. 壽子載其旌以先, 盜殺之. 急子至, 曰, "我之求也, 此何罪? 請殺我乎!", 又殺 之. 수는 급자가 자기 말을 안 듣자 일부러 술을 잔뜩 먹여 그를 인사불성으로 만듭니다. 그리고 자기가 대신 수레에 급자의 깃발을 걸고 먼저 출발합니다. 그가 신이라는 곳을 지날 때 매복해 있던 도적이 깃발만 보고 그를 급자라고 생각해 수레를 막고 죽입니다. 그리고 도적이 미처 그곳을 떠나기 전에 급자의 수레가 급히 들이닥칩니다. 급자가 도둑에게 말하지요. "네가 죽이려던 사람은 나인데, 이 사람이 무슨 관계가 있다고 죽였느냐? 나를 죽여라!" 도적은 급자까지 죽여 버렸습니다.

이 참혹한 사건은 급자와 수를 맡아 기른 우공자와 좌공자를 분노케 합니다. 위선공의 형제이자 위나라에서 가장 힘 있는 대부였던 그들은 가만히 있을 수 없었습니다. "두 공자는 이 때문에 위혜공을 미워했다. 11월, 좌공자 설洩과 우공자 직職은 공자 검모黔牟를 옹립했고, 위혜공은 제나라로 도망쳤다."二公子故怨惠公. 十一月左公子洩右公子職立公子黔牟. 惠公奔齊. 위혜공은 바로 급자를 모함했던 삭입니다. 혜공은 그가 죽은 뒤의 시호입니다. 여기에서 그를 '혜공'이라 칭한 것을 보면 위선공이 이미 죽었다는 것을 알 수 있습니다. 위선공 사후의 최고 권력자는 좌공자와 우공자였으며, 그들은 급자와 수를 죽음에 이르게 한 선강과 삭을 증오했습니다. 그래서 두 사람은 연합해 공자 검모를 새 군주로 옹립했고, 삭은 낌새가 심상치 않자 즉시 제나라로 달아났습니다.

노환공 16년은 기원전 696년이고, 삭이 제나라로 달아난 해는 노장공 5년, 즉 기원전 689년이었습니다. 그사이 7년의 시간이 흐른 겁니다. 그해 겨울에 노나라는 제·송·진·채 나라와 손잡고 위나라를 공격했습니다. 그 목적은 도망친 위혜공 삭이 위나라로 돌아갈 수 있게 하는 것이었습니다.

이어서 노장공 6년의 기록을 읽어 보겠습니다. 여기에 기재된 사건은 대부분 앞 사건의 연속입니다. 경문은 이렇습니다. "장공 6년 봄 정월, 왕인王人 자돌子突이 위나라를 구원했다. 여름 6월, 위나라 군주 삭이 위나라로 들어갔다. 가을, 장공이 위나라 정벌을 마치고 돌아왔다. (⋯⋯) 겨울, 제나라가 위나라 포로를 보내왔다."六年春王正月, 王人子突救衛. 夏六月, 衛侯朔入於衛. 秋, 公至自伐衛. (⋯⋯) 冬, 齊人來歸衛俘. 이에 대한 전문은 "장공 6년 봄, 왕인이 위나라를 구원했다"六年春, 王人救衛로 시작합니다. '왕인'은 주나라 천자의 관리를 가리키는데 이름이 자돌이었습니다. 위나라 정벌은 여러 나라가 참가한 큰 전쟁이었기 때문에 특별히 형식상 주나라 천자의 명령을 청했습니다. 그래서 천자는 자돌을 대표로 파견했습니다. 천자의 대표가 참여했으므로 그 전해에는 "위나라를 정벌했다"伐衛고 했던 것이 여기서는 "위나라를 구원했다"救衛로 바뀝니다. 이것은 자돌이 봉건 질서하에서 위나라 내부의 왕위 계승을 둘러싼 소요를 바로잡으러 왔을 뿐, 나라와 나라 사이의 문제 때문에 온 것이 아님을 의미합니다. 천자에게는 여러 나라가 봉건 예의를 받들게 할 책임과 그들에게 봉건 질서에 따라 일을 처리하라고 요구할 권력이 있었습니다. 이렇게 해서 명분상 노·제·송·진·채 나라는 천자의 명령에 따라 군대를 일으켜 위나라를 봉건 질서의 바른 궤도로 복귀시키는 역할을 하는 것이 되었습니다.

그다음에 『좌전』은 "여름, 위나라 군주가 위나라로 들어갔다. 공자 검모는 주나라로 추방하고 대신 영궤甯跪는 진秦나라로 추방했으며, 좌공자 설과 우공자 직을 죽이고 즉위했다"夏, 衛侯入. 放公子黔牟于周, 放甯跪于秦, 殺左公子洩右公子職, 乃卽位라고 서술합니다. 각국의 무력 개입으로 위혜공은 위나라로 돌아갈 수 있었습니다. 그는 돌아가자마자 복수와 숙청을 단행합니다. 당시 군주였던 공자 검모는 주나라로, 중요한 대신이었던 영궤는 서쪽 변방의 진나라로 쫓아냈습니다. 그리고 공자 검모의 옹립을 주도했던 좌공자와 우공자를 죽이고 정식으로 군주의 자리를 회복했습니다.

이어지는 전문은 이렇습니다. "군자君子는 두 공자가 검모를 옹립한 것을 평하며 '사려 깊지 못했다. 자리를 지킬 수 있는 사람은 반드시 본말을 잘 헤아린 뒤에 바른 입장을 세운다. 뿌리를 알지 못하면 도모하지 말아야 하고, 뿌리는 알지만 가지를 모르면 억지로 실행해선 안 된다. 『시경』에서도 "뿌리와 가지가 영원하리라"라고 하였다'라고 말했다." 君子以二公子之立黔牟爲不度矣. 夫能固位者, 必度於本末, 而後立衷焉. 不知其本, 不謀, 知本之不枝, 弗强. 詩云, "本枝百世." 여기에서 『좌전』은 이 사건에 대해 논평을 합니다. 여기 등장하는 '군자'가 누구인지는 알 수 없습니다. 하지만 군자의 논평이 『좌전』 저자의 가치관과 봉건 질서의 시각에서 본 옳고 그름을 대변하는 것만은 확실합니다. 군자는 그런 관점에서 좌공자와 우공자가 공자 검모를 옹립하기로 결정했던 것은 사려 깊지 못한 행동이었다고 평합니다. 그리고 자리를 지킬 능력이 있는 사람은 반드시 일의 원인을 숙고한 뒤 정확하고 적절한 입장을 찾아낸다고 말합니다. 아울러 일의 근본을 이해하지 못한 채 계책을 세우면 안 되며, 근본을 알더라도 파생되어 나온 가지를 전부 파악하지 못했다면 역시 주장을 세우고 밀어붙여서는 안 된다고 합니다. 그러고서 군자는 『시경』 대아大雅 「문왕」文王의 한 구절인 "뿌리와 가지가 영원하리라"를 그 본뜻과는 무관하게 인용해 근본에서 뻗어 나온 가지가 얼마나 많고 복잡한지, 또 그것을 철저히 파악하는 것은 얼마나 힘든 일인지 강조합니다.

마지막 사건에 대한 경문의 기록은 "겨울, 제나라가 위나라 포로를 보내왔다"인데, 이에 대한 『좌전』의 설명은 "겨울, 제나라가 위나라의 보물을 보내왔는데, 문강이 요청한 일이었다"冬, 齊人來歸衛寶, 文姜請之也입니다. 사실 그 전해에 『춘추』는 "장공은 제나라, 송나라, 진나라, 채나라 사람과 모여 위나라를 정벌했다"라고 기록했습니다. 이 문장을 자세히 보면 위나라 정벌을 노장공이 주도한 것처럼 표현하고 있습니다. 다른 군주들은 언급하지 않고 제나라 사람, 송나라 사람 등으로 적은 것을 보면 노장공이 다섯 나라의 연합군을 이끌고 출병한 것으로 보입니다. 그런데 이처럼 노나라가 주도하기는 했지만 실제로 그 전쟁에서 가장 강했던 나라는 역시 제나라로, 전쟁 과정에서 많은 위나라 사람을 포로로 잡았습니다. 노장공 6년 겨울에 제나라는 그 위나라 포로와 위나라의 보물까지 노나라에 넘겨줍니다. 포로와 보물이 다 제나라의 수중에 있었던 것을 보면 확실히 당시 전쟁의 주력은 제나라였던 것 같습니다. 단지 제나라는 선의를 표시하기 위해 포로와 보물을 선사해 그 전쟁의 총사령관이 노장공이었음을 정식으로 인정해 준 겁니다.

　하지만 『좌전』은 "문강이 요청한 일이었다"라고 한마디를 덧붙였습니다. 문강은 어쨌든 노장공의 생모였으므로 제나라에 살면서도 양국의 우호 관계를 위해 기여했던 겁니다. 아울러 이 한마디는, 만약 문강이 영향력을 발휘하지 않았다면 제나라는 강한 군사력을 믿고 위나라의 포로와 보물이라는 전쟁의 실질적 이득을 독차지했을 가능성이 컸음을 시사해 줍니다.

약육강식의 새로운 법칙

　이번에는 『좌전』에 초나라에 관한 기록이 나타납니다. 『춘추』 경문에 이 부분이 없는 것을 보면 『좌전』이 전적으로 『춘추』에 의존하지는 않았다는 것을 알 수 있습니다. 특히 그 당시 상대적으로 변방에 위치했던 몇몇 나라에 대해서는 『좌전』이 종종 『춘추』보다 더 많은 기록을 남기고 있습니다. 왜냐하면 그 몇몇 나라가 빠르게 발전해 훗날 국면을 주도하는 핵심 세력이 되었기 때문입니다. 그래서 『좌전』의 저자는 그들의 발전 과정에 대한 묘사를 빠뜨려서는 안 된다고 생각했을 겁니다.

서두는 "초문왕楚文王이 신申나라를 정벌하러 가는 길에 등鄧나라를 지나갔다"楚文王伐申. 過鄧입니다. 앞에서 우리는 노장공 5년 봄에 초무왕이 수나라를 정벌하러 가다 죽었다는 기록을 보았습니다. 그의 뒤를 이어 즉위한 왕이 바로 초문왕입니다. 즉위한 지 얼마 안 되어 초문왕은 아버지의 야심을 계승해 군대를 일으켜 근방의 소국 신나라를 치기로 했습니다. 그 행군 과정에서 또 다른 소국 등나라를 지나가게 되었지요.

이어지는 기록은 이렇습니다. "등나라 군주 기후祁侯가 '내 조카다'라고 말하며 초문왕을 멈추게 해 연회를 베풀었다. 추생雛甥과 담생聃甥과 양생養甥이 초자楚子를 죽이자고 청했지만 기후는 허락하지 않았다. 세 사람이 말했다. '반드시 이자가 등나라를 멸망시킬 겁니다. 일찍 도모하지 않으면 나중에 후회하실 겁니다. 기회가 왔을 때 도모해야 합니다! 지금이 바로 도모할 때입니다.'"鄧祁侯曰, "吾甥也." 止而享之. 雛甥聃甥養甥請殺楚子, 鄧侯弗許. 三甥曰, "亡鄧國者, 必此人也. 若不早圖, 後君噬齊. 其及圖之乎! 圖之, 此爲時矣." 앞에서 초무왕 부인의 이름이 등만이었다는 것을 다들 기억할 겁니다. 그녀는 등나라에서 시집을 왔는데 본래 기후의 누이였습니다. 등만의 아들인 초문왕은 확실히 기후의 조카로 두 사람은 친척 관계였습니다.

그래서 기후는 군대를 거느리고 온 초문왕을 붙잡고 융숭히 대접했습니다.

홍미로운 것은 다른 세 사람, 즉 추생과 담생과 양생도 기후의 누이들이 낳은 아들들이었다는 겁니다. 그런데 등나라의 대부였던 그들은 기후에게 이 기회를 틈타 '초자'를 죽이자고 청합니다. 여기에서 『좌전』은 이 초자라는 말로 초문왕을 가리킵니다. 다시 말해 초나라 스스로 참람하게 정한 호칭이 아니라 봉건 질서에 따른 본래의 호칭을 쓴 겁니다. 다섯 등급인 봉건 작위 제도에 따르면 노나라와 송나라 군주는 공公, 위나라 군주는 후侯, 정나라 군주는 백伯 그리고 초나라 군주는 겨우 밑에서 두 번째인 자子였습니다. 그래서 『춘추』 경문에서는 기본적으로 정식 명칭을 사용해 송공宋公, 위후衛侯, 정백鄭伯 등으로 표기했습니다. 나중에 패업을 완성한 제나라와 진晉나라 군주조차 봉건 예의에 따르면 모두 후일 뿐이었습니다. 그래서 『춘추』에도 제후, 진후로 표기되었습니다. 하지만 『좌전』은 시대적으로 나중에 글로 정리된 탓에 그 나라들이 스스로 등급을 높여 바꾼 호칭을 무시하기가 어려웠습니다. 그래서 호칭 사용이 혼란스럽습니다. 이런 현상은 봉건 질서와 약육강식의 논리가 병존했던 당시의 복잡한 상황을 더 분명하게 보여 줍니다.

봉건 질서와 약육강식의 논리 사이의 격차를 가장 잘 보여 주는 예가 바로 초나라입니다. 정식 작위는 밑에서 두 번째인 자였지만, 그들은 무려 네 등급을 뛰어넘어 '왕'을 자처했습니다. 뭘 믿고 그랬을까요? 당연히 무력을 믿고서였습니다. 아무도 그들을 제재할 수 없었지요. 그래서 『좌전』에 초나라가 언급되는 부분은 거의 정벌이나 침략과 관계가 있습니다.

추생과 담생과 양생은 왜 초문왕을 죽이자고 했을까요? 그들은 초나라가 계속 부근의 소국을 집어삼키는 것을 우려했습니다. 등나라는 신나라보다도 더 초나라와 가까웠지요. 지금 신나라조차 초나라의 손아귀에서 벗어날 길이 없으니, 등나라도 초문왕의 재위 기간 동안 초나라의 야심에 희생될 것이 분명해 보였던 겁니다. 그들은 등나라를 구하려면 이번 기회를 이용해야 하며, 그러지 않으면 반드시 후회할 것이라고 생각했습니다. 한편 '서제'噬齊는 고대의 속어로 글자 그대로 말하면 "자신의 배꼽을 문다"는 뜻입니다. 사람은 태어나자마자 탯줄을 떼어 내 배꼽이 생기는데, 무슨 수로 배꼽을 물겠습니까? 그래서 때늦은 후회를 한다는 뜻으로 쓰였습니다.

이어서 기후가 "그런 짓을 하면 남들이 내가 남긴 밥도 안 먹을 것이다"人將不食吾餘라고 말하자, 세 사람은 "우리 세 신하를 따르지 않으신다면 실로 사직이 제삿밥도 얻어먹지 못할 텐데 군주께서 드시고 남은 밥이 있겠습니까?"若不從三臣, 抑社稷實不血食, 而君焉取餘?라고 답했습니다. 세 조카는 약육 강식의 논리로 사태를 바라보았지만, 한 세대 위인 기후는 봉건 질서를 중시했습니다. 그래서 기후는 "내가 조카를 죽 인다면 사람들이 나를 얼마나 멸시하겠느냐? 그러면 곧 굶 어죽을 거지도 내가 남긴 밥은 안 먹을 것이다"라고 말했습 니다. 이에 세 조카는 "오늘 저희 세 사람의 말을 안 들으시 면 우리 등나라의 사직이 제사도 못 받게 될 텐데 군주께서 드시고 남은 밥이 있겠습니까?"라고 응수했던 것입니다.

조카들이 이렇게 강하게 말했는데도 기후는 끄덕도 하 지 않았습니다. 봉건 질서를 믿었던 그는 조카가 삼촌의 나 라를 칠 것이라고는 생각지도 않았습니다. 하지만 그의 생각 은 틀렸습니다. 초문왕은 신나라를 멸망시키고 10년 뒤에 다 시 군사를 일으켰습니다. 그리고 결국 "장공 16년, 초나라가 다시 등나라를 쳐서 멸망"十六年, 楚復伐鄧, 滅之시키고 말지요.

삼촌과 조카라는 가까운 관계조차 약육강식의 새로운 법칙을 피해 가지 못했습니다. 외진 남쪽 지역에서도 철저하 고 격렬한 변화가 진행되었던 겁니다. 초나라가 바로 그 변화를 주도한 핵심 세력이었습니다.

난세에도 군자는 있다

노장공 7년의 첫 번째 기록은 매우 흥미롭습니다. 경문은 "장공 7년 봄, 부인 강씨가 방防에서 제양공을 만났다"七年春, 夫人姜氏會齊侯於防이고, 전문은 세 글자만 덧붙여 "장공 7년 봄, 부인 강씨가 방에서 제양공을 만났는데, 제양공의 뜻이었다"七年春, 夫人姜氏會齊侯於防, 齊之志也입니다.

노장공의 모친인 문강과 제양공이 방이라는 곳에서 만났습니다. 그곳은 노나라의 영토였으므로 문강이 이미 노나라로 돌아왔음을 보여 줍니다. 『좌전』은 특별히 "제양공의 뜻이었다"라고 언급해 제양공 측에서 먼저 만남을 요구했음을 강조했습니다. 이를 그 전해 겨울에 "제나라가 위나라 포로를 보내왔다"는 기록과 연결해 본다면, 제양공과 문강 사이의 애매한 불륜 관계가 또 새롭게 전환되었다고 볼 수 있습니다. 문강은 노나라로 돌아가 아들 노장공과 일정 정도 관계를 회복했고, 제나라에 대한 자신의 특수한 영향력을 이용해 연합군에서 노나라의 주도권을 제나라가 인정하게 만들었습니다. 그런데 한편으로 그때 제양공은 자신과 재회하는 것을 문강에게 조건으로 내걸었을 가능성이 큽니다. 그래서 『춘추』와 『좌전』은 본래 제나라와 노나라의 관계를 경색시켰던 변수를 노장공이 이번에는 제나라와의 외교 조건으로 활용했음을 완곡하게 지적한 겁니다.

다음 경문은 "여름 4월 신묘일 밤, 항성이 보이지 않았다. 밤에 유성이 비와 함께 내렸다"夏四月辛卯, 夜, 恒星不見. 夜中, 星隕如雨이고, 전문은 "여름, 항성이 보이지 않은 것은 밤하늘이 밝았기 때문이며, 『춘추』에서 '성운여우'星隕如雨는 유성이 비와 함께 내렸다는 뜻이다"夏, 恒星不見, 夜明也, 星隕如雨, 與雨偕也입니다. 이 기록은 이상한 천체 현상에 대한 묘사입니다. 그날 유성우가 쏟아지며 하늘을 환히 밝혀 항성이 잘 보이지 않았습니다. 서양의 어느 천문학자는 이것이 거문고자리의 유성우에 관한 세계 최초의 기록이라고 주장한 바 있습니다.

그다음 기록도 자연현상과 관련이 있습니다. 경문은 "가을, 홍수가 나서 보리도 모종도 없었다"秋, 大水, 無麥苗이고, 전문은 "가을, 보리도 모종도 없었지만 가곡嘉穀은 피해를 입지 않았다"秋, 無麥苗, 不害嘉穀也입니다. 가을에 홍수가 나서 수확할 보리가 다 잠겼고, 다시 심을 보리 모종도 얻을 수 없었습니다. 하지만 『좌전』은 보충해 설명하기를, 보리는 큰 피해를 입었지만 '가곡', 즉 제사에 쓰이는 기장은 이미 수확을 마쳤기 때문인지 화를 피했다고 했습니다.

『춘추』의 노장공 8년 정월 경문에는 "갑오일, 치병治兵을 거행했다"甲午, 治兵라는 더없이 짧은 기록이 있습니다. 이에 대한 전문은 "장공 8년 봄, 치병을 거행했고 예에 부합했다"八年春, 治兵于廟, 禮也입니다. '치병'은 종묘 앞에서 군대에 병기를 수여하는 의식으로 곧 중대한 군사 행동이 있을 것임을 의미합니다. 아마도 노나라는 오랫동안 그런 의식을 치르지 않은 듯합니다. 그래서 『좌전』은 그것이 예를 잃거나 어긴 점이 없었다고 강조합니다.

그런데 왜 치병을 했을까요? 무슨 목적으로 출병하려 한 것일까요? 그다음 경문을 보면 "여름, 노나라와 제나라 군대가 성郕나라를 포위했다. 성나라는 제나라군에 항복했다"夏, 師及齊師圍郕. 郕降於齊師라고 나와 있습니다. 노나라가 엄숙하게 치병 의식을 치른 것은 제나라와 함께 성나라라는 소국을 치기 위해서였던 겁니다. 문강이 귀국한 뒤 제나라와 노나라의 관계는 눈에 띄게 개선되었습니다. 두 대국이 함께 군사를 일으켰으니 소국인 성나라는 당연히 대적할 수 없었습니다. 그런데 성나라는 제나라와 노나라 모두에 항복하지 않고 단지 제나라에만 항복을 했습니다.

『좌전』은 이 사건의 뒷이야기를 상세히 기록했습니다.

"중경보仲慶父가 장공에게 제나라군을 치자고 청했다. 장공이 말하길, '그럴 수 없다. 실로 내가 부덕하기 때문인데 제나라군이 무슨 죄가 있느냐? 죄는 내게 있다. 『하서』夏書에 고요皐陶가 덕을 쌓는 데 매진해 덕을 갖게 되자 사람들이 굴복했다는 말이 나온다. 먼저 덕을 쌓는 데 힘쓰며 때를 기다리자!'라고 했다. 가을, 군대가 노나라로 돌아왔다. 군자는 이를 두고 장공이 훌륭하다 여겼다."仲慶父請伐齊師. 公曰, "不可. 我實不德, 齊師何罪? 罪我之由. 夏書曰, '皐陶邁種德, 德, 乃降.' 姑務修德, 以待時乎!" 秋, 師還. 君子以是善魯莊公.

노장공의 동생인 중경보는 화가 나서 노나라군을 돌려 제나라군을 치자고 제안했습니다. 중경보의 이런 반응은 성나라가 제나라에만 항복하고 제나라도 그것을 받아들인 사실이 도의에 어긋날뿐더러 함께 출병한 노나라의 체면을 상하게 했음을 보여 줍니다. 그러나 노장공은 거절하면서 "저들이 내게 투항하게 할 능력과 덕행을 내가 못 가졌기 때문인데 제나라군을 탓해 뭘 하겠느냐? 탓하려면 나를 탓하거라. 『하서』(『상서』우하서虞夏書「대우모」大禹謨)에 '고요는 힘써 공덕을 쌓았고 그 공덕에 사람들이 투항했다'라는 말이 나온다. 돌아가 힘써 덕행을 쌓으며 기회를 기다리자!"라고 말했습니다. 노나라군은 잠시 머무르다 가을에 아무 소득 없이 노나라로 돌아옵니다. 하지만 노장공의 그 말은 칭찬받을 만 했습니다.

　노장공이 "때를 기다리자!"라고 했는데, 정세의 변화가 가져다 줄 기회를 가리키는 그 '때'時는 그리 오래 기다릴 필 요가 없었습니다. 제나라와 노나라가 함께 출병해 성나라를 멸한 그해 겨울, 제나라에 중대한 사태가 발생했습니다. '군 자'로 대표되는 봉건 질서의 관점에서 보면 제나라는 예의를 어기고 공동 출병의 소득을 독차지했습니다. 이처럼 예의를 소홀히 한 제나라는 역시 참담한 대가를 치러야 했습니다.

역사 속의 미천한 인물들

　『춘추』의 노장공 8년 겨울 경문은 "겨울 11월 계미일, 제나라 공손公孫 무지無知가 자신의 군주와 제아諸兒를 시해했 다"冬十有一月癸未, 齊無知弑其君諸兒입니다. 제나라에서 군주 시 해 사건이 일어났으니, 당연히 어마어마하게 큰일이었습니 다. 『좌전』은 이 사건의 전말을 어떻게 기록했는지 보겠습 니다.

　"제양공이 연칭連稱과 관지보管至父를 보내 규구葵丘를 지 키게 했는데, 오이가 익어갈 때였다. 제양공은 '내년 오이가 익을 때 바꿔 주겠다'라고 말했다. 기한이 되었지만 제양공의 전갈이 오지 않았다. 교대를 청했는데도 제양공이 허락하지 않자 두 사람은 난을 일으키기로 모의했다."齊侯使連稱管至父戍葵丘, 瓜時而往, 曰, "及瓜而代." 期戍, 公問不至, 請代, 不許, 故謀作亂. 제양공이 두 대부 연칭과 관지보를 보내 규구를 지키게 했습니다. 오이가 익는 계절인 음력 7월에 그들을 보내면서 이듬해 같은 때에 다른 사람을 보내 교대해 주겠다고 했지요. 그들은 꼬박 1년간 그곳을 지켰는데, 때가 됐는데도 제양공은 그들을 본체만체했습니다. 결국 그들이 먼저 사람을 보내 약속대로 교대해 달라고 청했지만 제양공은 허락하지 않았습니다. 이에 두 사람은 불만을 품고 모반을 계획했습니다.

그다음에는 공손 무지에 관한 설명이 이어집니다. "제희공齊僖公의 친동생 이중년夷仲年이 공손 무지를 아들로 두었는데, 제희공의 총애를 받아 의복과 예의 등급이 적자嫡子와 같았다. 제양공은 그것을 강등시켰다. 연칭과 관지보는 이 때문에 공손 무지와 함께 반란을 일으켰다."僖公之母弟曰夷仲年, 生公孫無知, 有寵於僖公, 衣服禮秩如適. 襄公紲之. 二人因之以作亂. 제양공의 부친인 제희공에게는 친동생인 이중년이 있었습니다. 제양공에게는 숙부에 해당했지요. 공손 무지는 이중년의 아들이었으므로 제양공에게는 사촌 동생이었습니다. 제희공은 살아 있을 때 공손 무지를 무척 아껴 자신의 적자처럼 대했습니다. 그런데 제양공은 제희공이 죽고 그 뒤를 잇자마자 공손 무지에 대한 대우를 낮췄습니다. 이에 공손 무지는 당연히 불만을 품을 수밖에 없었습니다. 연칭과 관지보는 이런 사정을 알고 그를 끌어들여 함께 반란을 일으켰습니다.

또 다른 협력자도 있었습니다. "연칭의 사촌 누이가 제양공의 첩이었는데 총애를 받지 못했다. 공손 무지는 그녀에게 제양공의 동정을 살피게 하면서 말했다. '일이 잘되면 내가 너를 부인으로 삼겠다.'"連稱有從妹在公宮, 無寵, 使間公. 曰, "捷, 吾以汝爲夫人."

이제 굉장히 극적인 장면이 펼쳐집니다. "겨울 12월, 제양공이 고분姑棼에 놀러갔다 패구貝丘에서 사냥을 했다. 이때 커다란 돼지가 나타났는데 시종이 '공자 팽생이다!'라고 외쳤다. 이에 제양공이 노하여 '팽생이 감히 나타나다니!'라고 하며 활을 쏘았다. 화살에 맞은 돼지는 사람처럼 두 다리로 서서 크게 울부짖었다. 제양공은 무서운 나머지 수레에서 굴러떨어졌다."冬十二月, 齊侯游於姑棼, 遂田于貝丘. 見大豕, 從者曰, "公子彭生也!" 公怒曰, "彭生敢見!" 射之, 豕人立而啼, 公懼, 隊於車. 공자 팽생은 누구일까요? 예전에 노환공이 제나라에 와서 수레에서 죽었을 때 그 수레를 몰았던 사람입니다. 어쩌면 제양공의 명을 받아 노환공을 죽인 살인범이었을지도 모릅니다. 그 사건이 일어난 뒤 제양공은 노나라의 항의로 공자 팽생을 죽여 일을 매듭지어야 했습니다.

결국 8년 뒤, 공자 팽생은 혼이 흩어지지 않고 큰 돼지로 변해 제양공 앞에 나타났습니다. 제양공은 호통을 치며 화살을 쏘아 맞혔지만, 큰 돼지가 마치 사람처럼 뒷다리로 서서 울부짖는 통에 수레에서 떨어졌습니다. 원문의 '隊'(대)는 떨어진다는 뜻의 '墜'(추)와 같습니다.

"제양공은 발을 다치고 신발을 잃어버렸다. 돌아와 시종 비費에게 신발을 찾아오라고 했으나 찾아오지 못하자 그를 채찍질해 피가 나게 했다. 비가 뛰어나오다 문에서 반란군을 만나 협박을 받고 포박을 당했다. 이때 비가 '내가 어찌 저항하겠소?'라고 말하며 웃옷을 올려 등을 보여 주었다. 반란군은 그를 믿었다."傷足, 喪屨. 反, 誅屨於徒人費. 弗得, 鞭之, 見血. 走出, 遇賊於門, 劫而束之. 費曰, "我奚御哉?" 袒而示之背. 信之. 제양공은 수레에서 떨어지는 바람에 발을 다치고 신발까지 잃어버렸습니다. 그는 공자 팽생이 복수하러 온 줄만 알고 큰 멧돼지에 놀라 다친 것이 무척 창피했을 겁니다. 그래서 잃어버린 신발이 무척 신경 쓰여, 신분이 비천한 시종 비를 시켜 찾아오게 했습니다. 하지만 사냥터에 떨어진 신발을 무슨 수로 찾겠습니까? 비가 빈손으로 돌아오자 제양공은 화가 나서 채찍으로 그를 호되게 때렸습니다. 등에서 피가 나도록 말이지요. 겨우 신발 한 짝 때문에 그럴 필요까지 있었을까요? 이런 자세한 묘사를 통해 우리는 공자 평생의 죽음이 줄곧 제양공의 마음에 부담으로 작용했고, 노환공의 죽음에는 틀림없이 말 못할 속사정이 있었음을 짐작할 수 있습니다.

문밖으로 뛰어나오다 비는 뜻밖에 적賊과 부딪칩니다. 적은 바로 공손 무지와 연칭, 관지보가 함께 난을 일으킨 후 보낸 반란군이었습니다. 그들에게 붙잡혀 포박을 당한 비가 말합니다. "당신들은 나를 묶을 필요가 없습니다. 내가 왜 저항을 하겠습니까?" 그는 옷을 벗어 그들에게 방금 채찍질을 당한 상처를 보여 줍니다. 제양공이 자기를 이토록 학대하는데, 왜 자기가 제양공의 편에 설까 봐 걱정하느냐고 알려 주기 위해서였지요. 과연 그들은 설득을 당합니다.

다음 부분은 대단히 조리 있게 잘 쓰였습니다. "비가 먼저 들어가겠다고 청하고 제양공을 숨긴 뒤 나와 싸우다 문 사이에서 죽었다. 석지분여石之紛如는 계단 아래에서 죽었다. 반란군이 마침내 들어와 침상의 맹양孟陽을 죽였다. 그러고서 '군주가 아니다, 닮지 않았다'라고 말했다. 그들은 문 밑으로 드러난 제양공의 발을 보고 결국 그를 시해하고 공손 무지를 옹립했다."費請先入, 伏公而出, 鬪, 死於門中. 石之紛如死于階下. 遂入, 殺孟陽于牀. 曰, "非君也, 不類." 見公之足于戶下, 遂弒之, 而立無知. 비는 반란군에게 자기가 먼저 들어가 길을 열겠다고 말합니다. 그런데 정작 들어가서는 제양공을 숨겼고, 그다음에는 무기를 들고 나와 반란군과 싸우다 문 사이에서 죽었습니다. '문 사이'門中라고 쓴 것은 비가 문을 지키려고 했지만 지키지 못하고 반란군을 들여보냈음을 뜻합니다. 그리고 석지분여라는 시종이 궁정 안에서 싸우다 역시 계단 아래에서 죽습니다. 이제 반란군은 계단을 올라 방으로 들어갔고, 제양공의 침상에 누워 있던 사람을 죽입니다. 하지만 그 사람은 제양공이 아니라 또 다른 시종 맹양이었습니다. 그가 제양공인 척하며 침상에 누워 있었던 겁니다. 그러나 반란군은 속지 않았습니다. 침상에서 죽은 사람을 보고 "닮지 않았다. 군주가 아닌 게 분명하다"라고 하고는 계속 제양공을 찾았습니다. 그러다 문 밑으로 드러난 제양공의 발을 발견했지요. 이때 비로소 우리는 비가 여러 가지 안배를 해 놓고 제양공을 문 뒤에 숨겼다는 것을 알게 됩니다. 하지만 그런 고심에도 불구하고 제양공은 발각되어 그 자리에서 죽고 말았습니다. 공손 무지가 그를 대신해 제나라의 새로운 군주가 되었지요.

이 부분의 중심인물은 비입니다. 『좌전』은 우리에게 제양공의 죽음뿐만 아니라 비의 특별한 행동도 이야기해 줍니다. 제양공에게 어처구니없는 벌을 받았는데도 그는 목숨을 걸고 충성을 바쳤을 뿐만 아니라 남다른 꾀와 용기로 반란군을 속여 제양공을 구하고자 했습니다. 비 외에 석지분여와 맹양도 모두 대란 앞에서 용감하게 목숨을 바쳐 주인을 보호하려 했습니다. 그들은 비천했지만 고귀한 행동을 했기 때문에, 봉건 도덕의 가치관을 대표하는 『좌전』에 특별히 그들의 사적을 기록해 전하려 했습니다.

이 부분의 『춘추』 경문 내용이 무엇이었는지 돌이켜 봅시다. 바로 "겨울 11월 계미일, 제나라 공손 무지가 자신의 군주와 제아를 시해했다"였습니다. 아직 '제아'諸兒가 무엇인지 설명을 안 했는데, 제아는 제양공의 아들들이 아니라 그의 곁에 있던 바로 그 비천한 시종들입니다. 그들은 중요한 인물이 아니었으므로 제아라고 통칭한 겁니다. 그런데 중요하지도 않은 그들을 『좌전』은 왜 굳이 기록한 걸까요? "자신의 군주와 제아를 시해했다"라고 쓰지 않고 그냥 "자신의 군주를 시해했다"라고만 썼어도 사건의 포인트를 다 설명할 수 있지 않았을까요? 『좌전』의 기록을 읽고 나면 우리는 제아가 어떻게 죽었는지를 통해 그들이 군주에게 충성하고 목숨까지 바친 미덕을 이해하게 됩니다. 그들의 미덕을 칭찬하고 선양하는 것이 『춘추』의 입장에서는 제양공이 공손 무지에게 살해된 일을 기록하는 것만큼이나 중요했습니다.

　그 몇 명의 제아는 원칙을 지키기 위해서라면 서슴지 않고 목숨까지 버렸던 춘추시대의 특수한 인격의 전형을 보여줍니다. 『좌전』에 비나 석지분여나 맹양처럼 우리를 놀라게 하는 인물이 숱하게 등장하는 것은 그들이 그토록 쉽게 자신의 생명을 희생하는 결단을 내렸기 때문입니다. 어떤 비장감조차 없이 너무나 당연하게 목숨을 내던지는 희생정신은 춘추시대 특유의 산물입니다. 그 시대에는 한편으론 기존의 봉건 윤리 규범이 여전히 사람들의 마음속에 깊이 뿌리내리고 있었지만, 다른 한편으론 거대한 현실의 힘이 봉건적 환경을 파괴하고 있었습니다. 그래서 봉건적 가치와 원칙을 고수하던 이들은 빈번히 힘들고 극단적인 시험에 직면했고, 그럴 때마다 어떤 선택을 해야 할지 이미 확실한 마음의 준비가 돼 있었습니다.

　목숨을 바쳐 원칙을 지키는 강렬한 개성은 그 후의 역사에서도 간간이 나타나기는 하지만, 전체적으로 볼 때 한나라 이후 중국 사회에서는 대체로 사라지고 말았습니다. 이것은 우리가 중국인의 집단적 성격을 관찰할 때 확인하게 되는 핵심 변화 중 하나입니다.

이 기록의 마지막 부분은 이렇습니다. "애초에 제양공은 군주가 되었을 때 일관성이 없었다. 이에 포숙아鮑叔牙가 말하길, '군주가 백성을 경박하게 다스리니 장차 난이 일어날 것이다'라고 했다. 그는 공자公子 소백小白을 모시고 거나라로 도망쳤다. 난이 일어나자 관이오管夷吾와 소홀召忽이 공자 규糾를 모시고 도망쳐 왔다." 初. 襄公立, 無常. 鮑叔牙曰, "君使民慢, 亂將作矣." 奉公子小白出奔莒. 亂作, 管夷吾召忽奉公子糾來奔. 왕위에 오른 제양공은 일관성 없이 행동하고 법도를 지키지 않았습니다. 이에 대부 포숙아는 "한 나라의 군주가 이렇게 경박한 태도로 백성을 다스린다면 오래지 않아 나라가 혼란해질 것이다"라고 예측했습니다. 일찍이 이런 생각을 했기 때문에 그는 훗날 제환공이 될 공자 소백을 모시고 거나라로 도망쳤습니다. 제양공이 변을 당한 뒤 관이오와 소홀이라는 두 대부도 공자 규를 모시고 노나라로 도망쳐 왔습니다. 관이오는 곧 관중管仲입니다.

４

힘이 명분보다 중요하다

재주가 덕보다 중요했던 시대

『춘추』의 노장공 9년 봄 경문은 "장공 9년 봄, 제나라
사람이 공손 무지를 죽였다"九年春, 齊人殺無知입니다. 현세의
인과응보가 굉장히 빨랐습니다. 그 전해 12월에 공손 무지가
제양공을 죽이고 스스로 군주가 되었는데, 석 달도 되지 않
아 자신도 피살당한 겁니다. 『좌전』의 설명은 "애초에 공손
무지가 옹름雍廩을 학대했는데, 장공 9년 봄, 옹름이 공손 무
지를 죽였다"初, 公孫無知虐於雍廩, 九年春, 雍廩殺無知입니다.

과거에 공손 무지는 제나라의 대부 옹름을 가혹하게 대

한 적이 있었습니다. 그래서 두 사람 사이가 벌어졌는데, 공손 무지가 스스로 군주가 되는 바람에 옹름은 속으로 위협을 느꼈습니다. 이에 자기가 선수를 치기로 하고 공손 무지가 즉위하자마자 방비가 느슨해진 틈을 타 그를 죽인 겁니다.

제양공이 죽고 공손 무지도 죽자 제나라는 갑자기 군주 없는 나라가 되었습니다. 이어지는 경문은 "장공과 제나라 대부가 기薊에서 결맹했다"公及齊大夫盟于薊이고, 전문은 이에 "제나라에 군주가 없었기 때문이다"齊無君也라는 설명을 덧붙였습니다. 이때 제나라와 가까운 대국이면서 서로 관계가 밀접했던 노나라가 나서서 제나라 대부와 결맹을 하고 잠시 질서 유지를 돕기로 했던 겁니다.

그다음 경문은 "여름, 장공이 제나라를 정벌하여 공자 규를 들여보내려 했다. 공자 소백이 제나라로 들어갔다"夏, 公伐齊, 納子糾, 齊小白入于齊입니다. 이상한 일입니다. 제나라의 대부와 결맹을 한 지도 얼마 안 됐는데 왜 노장공은 바로 군대를 보내 제나라를 쳤을까요? 『좌전』의 설명을 보면 그 이유를 알 수 있습니다. "여름, 장공이 제나라를 정벌하여 공자 규를 들여보냈는데, 제환공이 먼저 거나라에서 제나라로 들어갔다."夏, 公伐齊, 納子糾, 桓公自莒先入. 여기에서 키워드는 '먼저'先입니다. 거나라로 도망쳤던 공자 소백이 먼저 제나라로 들어갔습니다. 또 다른 키워드는 '환공'입니다. 이 단어는 공자 소백이 제나라로 먼저 들어갔을 뿐 아니라 이미 즉위하여 새 군주가 되었음을 의미합니다. 이는 노장공이 본래 세웠던 구상을 산산조각 내는 사태였습니다. 그래서 급히 군대를 동원해 무력으로 공자 규를 제나라에 들여보내 공자 소백 대신 군주로 만들려 했던 겁니다.

노나라가 출병한 결과는 다음과 같았습니다. "가을, 노나라군은 제나라군과 간시乾時에서 싸우다 대패를 당했다. 장공은 병거를 잃어 다른 병거로 갈아타고 돌아왔다. 진자秦子와 양자梁子는 장공의 깃발을 갖고 소로로 피했다가 모두 포로가 되었다."秋, 師及齊師戰于乾時, 我師敗績. 公喪戎路, 傳乘而歸. 秦子梁子以公旗辟于下道, 是以皆止. 막 큰 난리를 치렀는데도 새 군주가 보낸 제나라군은 노나라군보다 강했습니다. 간시라는 곳에서 벌어진 결전에서 노나라는 대패를 당하고 말았지요. '패적'敗績은 대패나 궤멸을 뜻하는 정식 용어입니다. 대체 얼마나 참담한 패배를 당했을까요? 친히 군대를 이끌고 간 노장공은 자신의 전용 병거까지 잃고 다른 병거로 갈아타고 도주했습니다. 여기에서 '喪'(상)은 노장공이 스스로 병거를 버렸다는 뜻입니다. 노나라의 부하 장군이었던 진자와 양자는 노장공의 병거와 깃발을 갖고 일부러 소로로 피했다가 노장공 대신 제나라의 포로가 됩니다. 이렇게 체면 깎이는 방법을 쓰고서야 노장공은 겨우 노나라로 돌아올 수 있었습니다.

『좌전』의 기록은 계속 이어집니다. "포숙아가 군대를 인솔해 와서 말하길, '공자 규는 저희 환공의 혈육이니 군주께서 죽여 주십시오. 관중과 소홀은 환공의 원수이므로 인계받기를 바랍니다'라고 했다. 이에 공자 규를 생두生竇에서 죽였고, 소홀은 그를 따라 죽었다. 관중은 죄수가 되기를 청하여 포숙아가 그를 인계받았다."鮑叔率師來言曰, "子糾, 親也, 請君討之. 管召, 讎也, 請受而甘心焉." 乃殺子糾于生竇. 召忽死之, 管仲請囚, 鮑叔受之. 포숙아가 노나라에 가서 제환공의 요구를 전했습니다. 『좌전』은 특별히 "군대를 인솔해 와서 말하길"이라고 기록했습니다. 군대를 거느리고 노나라에 간 포숙아는 애당초 노나라와 상의할 생각 따위는 없었습니다. 요구를 반드시 이행하라고 노나라에 강요했지요. 그의 요구는 첫째, 공자 규가 혈육이라 제환공은 직접 손을 쓸 수 없으니 노나라가 대신 제거해 달라는 것이었습니다. 둘째, 공자 규를 보필해 온 관중과 소홀은 감히 제환공에게 맞선 자들이므로 넘겨주면 압송해 가겠다는 것이었습니다. 노나라는 어쩔 수 없이 그 요구대로 했습니다. 생두라는 곳에서 공자 규를 죽였고, 소홀은 이때 그를 따라 스스로 목숨을 끊었습니다. 관중은 제나라로 돌아가기를 바랐기 때문에 포숙아가 노나라로부터 그를 인계받았습니다.

"포숙아는 당부堂阜에 이르러 관중의 포박을 풀어 주었고, 도읍에 돌아가서는 제환공에게 고하길, '관중이 고혜高傒보다 잘 다스리니 재상을 시키십시오'라고 하였다."及堂阜而稅之, 歸而以告曰, "管夷吾治於高傒, 使相可也." '당부'는 지명으로 노나라와 제나라 경계에 있던 지역입니다. 국경을 넘자마자 포숙아는 관중의 포박을 풀어 줍니다. 또 제나라 도읍에 도착해서는 한술 더 떠 제환공에게 "나라를 다스리는 관중의 능력이 고혜보다 뛰어나니 그를 재상으로 임명하십시오"라고 말합니다. 고혜는 당시 제나라의 상경上卿으로 지위도 명성도 높았습니다. 그런데 포숙아는 그보다도 관중이 뛰어나다고 말한 겁니다. 제환공은 포숙아의 건의를 받아들였습니다.

이것이 제나라 패업의 시작이었습니다. 노나라를 제물이자 기초로 삼은 셈이었지요. 그런데 이때 추문과 미담이 동시에 생겨났습니다. 먼저 추문은, 똑같이 공자 규를 보필했던 소홀은 봉건 관례에 따라 주군과 함께 죽었는데 관중은 구차하게 목숨을 부지해 제나라로 붙잡혀 가는 쪽을 택했다는 것이었습니다. 그리고 미담은, 포숙아에게 사람을 알아보는 눈과 포용하는 도량이 있어 얼마 전까지만 해도 적이었던 관중을 추천해 자기보다 더 높고 중요한 자리를 맡게 했다는 것이었습니다.

새로운 정치철학의 맹아

『좌전』의 노장공 10년 전문의 첫 번째 기록을 보겠습니다. 그 서두는 "장공 10년 봄, 제나라군이 우리 노나라를 정벌하자 장공이 맞서 싸우려 했다"十年春, 齊師伐我, 公將戰입니다. 제나라와 노나라 사이의 분쟁이 계속되고 있었습니다. 제나라가 또 군대를 보내 노나라를 공격했는데, 그 전해 가을에 참패를 당했는데도 노장공은 화의를 청하지 않고 또 싸울 준비를 합니다.

이때 조귀曹劌라는 사람이 등장합니다. "조귀가 알현을 청하니, 그 마을 사람이 '고기 먹는 자들의 일에 왜 간섭하려하지?'라고 물었다. 이에 조귀가 '고기 먹는 자들은 고루해서 멀리 보지 못하기 때문이네'라고 답했다."曹劌請見. 其鄕人曰, "肉食者謀之, 又何間焉?" 劌曰, "肉食者鄙, 未能遠謀." 조귀가 어떤 사람인지는 뒷부분의 대화를 통해 알 수 있습니다. 마을 사람은 그에게 노장공을 알현하러 가지 말라고 권했습니다. "전쟁은 높은 사람들의 일인데 네가 끼어들어 뭐 하려고?"라고 하면서 말입니다. 당시 '육식자'肉食者라는 표현에는 경멸과 폄훼의 의미가 없었습니다. 지위가 대부 이상으로 높은 사람이나, 고령이 아닌데도 고기 먹을 자격이 있었던 귀족을 지칭하는 말이었지요. 이 말을 통해 우리는 조귀가 심지어 대부도 아니고, 기껏해야 사士에 불과한 지위가 낮은 인물이었음을 알 수 있습니다. 마을 사람은 지위도 낮은 그가 그렇게 큰일에 관여하려 하자 그 말을 써서 풍자한 겁니다. 하지만 비록 지위는 낮아도 자신감이 넘쳤던 조귀는 "지위가 높은 사람들은 근시안적이라 멀리 내다보지 못한다네"라고 말했습니다.

조귀는 대부의 지위는 못 가졌지만 그렇게 대부를 깔봤습니다. 그것은 봉건 질서의 규범과 맞지 않았습니다. 또한 대부의 지위도 못 가진 그가 먼저 군주에게 알현을 청하고, 또 군주가 그것을 허락한 것 역시 봉건 질서의 파괴를 보여주는 현상이었습니다. 우리는 여기에서 계층의 장벽을 넘어 능력만으로 인재를 취했던 춘추시대의 새 경향을 확인할 수 있습니다. 나라에 도움이 될지도 모른다는 이유로 노장공은 경이나 대부의 신분이 아닌 조귀를 기꺼이 접견했습니다. 마찬가지로 나라에 도움이 될지도 모른다는 이유로 제환공도

적이었던 관중을 기꺼이 중용했지요.

본래 봉건 질서도 인재들의 질서이긴 했습니다. 다만 한 사람의 가치는 봉건 질서 속에서 그가 차지하는 위치에 의해 결정되었지요. 그런데 노장공 시대에 와서 군주들은 봉건 질서 내의 인재에게만 연연하면 불리하다는 사실을 깨닫기 시작했습니다. 내부의 권력 투쟁에서도, 외적에 맞서 싸울 때도 기존의 틀 안에서는 구할 수 없는 새로운 재능이 필요했습니다. 이에 상응하여 기존의 틀 밖에 있던 문인과 무인이 새로운 환경에서 과거에는 없었던 새로운 자신감을 보이기 시작했습니다.

더 읽다 보면 조귀가 군주 앞에서 거드름을 피우는 장면까지 나옵니다. "조귀가 궁에 들어가 장공을 알현하고 무엇을 믿고 싸울 것인지 물었다. 장공은 '좋은 옷과 음식을 혼자 갖지 않고 반드시 남과 나누었소'라고 답했다. 이에 조귀가 말하길, '그런 작은 은혜는 두루 미치지 않으므로 백성이 따르지 않을 겁니다'라고 했다." 乃入見, 問何以戰. 公曰, "衣食所安, 弗敢專也, 必以分人." 對曰, "小惠未徧, 民弗從也." 조귀는 노장공을 만나자마자 자기 의견은 밝히지 않고 대뜸 "어떤 조건을 믿고 전쟁을 하실 겁니까?"라고 묻습니다. 이에 노장공은 우선 자신의 후한 성품을 강조하기 위해 좋은 옷과 좋은 음식을 독차지하지 않고 다른 이들과 나눴다고 말합니다. 그러나 조귀는 마음에 들어하지 않습니다. 마치 선생이 학생을 훈계하듯 "그런 작은 은혜를 몇 명한테나 베풀 수 있겠습니까? 모든 백성에게 두루 베푸는 것은 불가능하니, 백성이 충성을 다해 따르지 않을 겁니다"라고 말합니다.

　　노장공이 또 "희생물과 옥백玉帛 등의 제물을 감히 더하지 않고 반드시 성실하게 하였소"犧牲玉帛, 弗敢加也, 必以信라고 말하자, 조귀는 "그런 작은 성실함은 믿음을 주지 못하므로 신이 복을 내리지 않을 겁니다"小信未孚, 神弗福也라고 답합니다. 이번에 노장공은 자기가 과장도 참람함도 없이 기존의 규범대로 예의를 잘 행했다고 강조합니다. 여기에서 '信'(신)은 규범을 잘 지킨다는 뜻입니다. 왜 이것을 전쟁의 조건으로 내세웠을까요? 노장공은 그 시대의 다른 제후들이 앞다퉈 자신을 과시하고 예의를 어겼던 것과 달리 자신은 성실히 예의를 행했으므로 하늘의 보살핌을 받을 만하다고 생각했던 겁니다. 하지만 조귀는 역시 불만을 표시합니다. 그는 그것이 '작은 성실함'小信, 즉 지키기 쉬운 규범을 지킨 것일 뿐이라고 말합니다. 더 크고 중요한 규범, 예를 들어 주나라 천자에 대한 책임이나 나라 사이의 봉건적 권리와 의무를 지키는 데에는 그것만으론 미흡하기 때문에 하늘의 도움을 기대하기는 어렵다는 것이었지요.

노장공은 전쟁에 나설 만한 조건을 또 생각해 냅니다. "장공이 말하길, '크고 작은 옥사獄事를 다 살피지는 못했지만 반드시 사실을 살폈소'라고 했다. 이에 조귀가 대답하길, '그것은 충忠에 속하므로 전쟁을 할 만합니다. 전쟁에 따라가게 해 주십시오'라고 했다."公曰, "小大之獄, 雖不能察, 必以情." 對曰, "忠之屬也. 可以一戰. 戰, 則請從." 노장공은 "형벌을 내릴 때 비록 모든 사건을 다 치밀하게 살피지는 못하지만, 작은 사건이든 큰 사건이든 인간관계나 느낌에 휘둘리지 않고 반드시 내가 본 사실에 따라 판단한다"라고 말합니다. 여기에서 '情'(정)은 진실을 뜻합니다. 고문에서 '情'은 보통 오늘날의 감정이 아니라 진실한 상황을 가리킵니다. 그제야 조귀는 비로소 납득할 만한 답을 들었다고 판단했는지, "그것은 열심히 일하고 직분에 충실한 것이니 그것을 바탕으로 제나라와 전쟁을 할 만합니다. 출병할 때 저도 함께 가게 해 주십시오"라고 합니다.

조귀는 전쟁과 화해라는 두 가지 선택 사이에서 냉정한 태도를 취했습니다. 그리고 노장공이 스스로 전쟁을 할 만하다고 믿었던 앞의 두 조건을 부정적으로 평가했습니다. 오히려 노장공이 세 번째로 미뤄 두었던 조건을 긍정적으로 평가했지요. 세 번째 조건은 앞의 두 조건과 어떤 점에서 달랐을까요? 바로 "충에 속한다"는 점에서 달랐습니다. 군주가 백성에게 충실하고 자신의 직분에 충실하면 백성이 충성을 바치도록 독려할 만합니다. 조귀는 '충'이 양쪽의 상호 관계에 의해 형성되는 것이지 위에서 아래로 일방적으로 요구해 얻어지는 것이 아님을 강조함으로써 정치적 지혜를 발휘했습니다.

서주 시대 초기, 주나라는 상나라를 멸한 뒤 전면적으로 봉건제를 실시하면서 어떤 방법을 사용해야 효과적으로 백성을 통치하고 정치 질서를 수립할 수 있는지 진지하게 사유해야 했습니다. 그 시대에 중국 최초의 정치철학적 사유가 등장한 이유입니다. 그리고 수백 년 뒤 동주 시대에 와서 새로운 사회 변화와 정치 불안으로 기존의 정치 원칙이 더는 통하지 않게 되자 새롭고 더 장대한 정치철학적 사유가 요구되었습니다. 조귀와 노장공의 대화는 바로 그 장대한 사유가 싹트던 시기의 한 예입니다.

군자는 이해 못할 계책

전쟁을 치르기로 결심한 노장공은 조귀의 참전을 허락

하고 그를 자신의 병거에 태웠습니다. "장공이 조귀를 병거에 태웠다. 장작長勺에서 싸움이 벌어졌는데, 장공이 북을 치려 하자 조귀가 '아직 이릅니다'라고 말했다. 제나라군이 북을 세 번 치자 조귀가 '지금입니다'라고 말했다. 제나라군이 대패했다."公與之乘. 戰于長勺. 公將鼓之, 劌曰, "未可." 齊人三鼓, 劌曰, "可矣." 齊師敗績. 노나라군과 제나라군이 장작에서 진을 치고 결전을 벌였습니다. 처음에 노장공이 북을 쳐 진군 명령을 내리려 하는데 조귀가 그것을 막았습니다. 그때는 양쪽이 격돌할 때 여전히 봉건 규범을 따랐습니다. 다시 말해 양쪽이 진을 다 치고 한쪽이 먼저 북을 쳐 진군 준비가 끝났음을 알리면 다른 한쪽도 맞받아 북을 칩니다. 그러면 비로소 정식으로 전투가 시작되었습니다.

조귀는 제나라군이 먼저 북을 치게 했습니다. 그리고 제나라군이 북을 친 뒤에도 노나라군을 진군하지 못하게 했습니다. 나중에 제나라군이 북을 세 번 친 뒤에야 "이제 북을 치십시오"라고 말했지요. 노나라군이 마침내 북을 치자 양쪽의 교전이 벌어졌고, 그 결과는 제나라군의 대패였습니다.

이야기는 계속 흥미진진하게 전개됩니다. "장공이 적을 쫓으려 하자 조귀가 '아직 안 됩니다'라고 말했다. 그는 병거에서 내려 바큇자국을 살핀 뒤, 병거의 가로대에 올라 멀리

적을 내다보며 '쫓아가도 됩니다'라고 말했다. 이에 제나라 군을 쫓아갔다."公將馳之, 劌曰, "未可." 下, 視其轍, 登軾而望之, 曰, "可矣." 遂逐齊師. 이 부분은 앞부분과 대칭을 이룹니다. 교전이 끝나고 제나라군이 패주하자 노장공은 당연히 군대에 추격 명령을 내리려 하지만 이번에도 조귀가 말립니다. 그러고는 병거에서 내려 제나라군이 남긴 수레 바퀴자국을 유심히 살펴보고 수레 앞 가로대에 올라 멀리 바라본 뒤에야 비로소 "이제 쫓아가도 됩니다"라고 말합니다. 노나라군은 즉시 추격하기 시작했고, 제나라군은 노나라 국경 밖으로 쫓겨났습니다.

그다음 기록은 "승리를 거둔 뒤 장공이 조귀에게 이유를 물었다"旣克, 公問其故입니다. 노장공은 왜 그런 지시를 내렸는지 조귀에게 물어보았습니다. 그런데 그 자리에서 바로 물어보지 않고 전투가 다 끝난 뒤에야 물어본 것을 보면, 노장공이 거의 맹목적으로 조귀를 신뢰했다는 것을 알 수 있습니다. 사실 조귀에 대한 그런 전폭적인 신뢰도 승리 요인이었습니다.

"조귀가 답했다. '무릇 전쟁은 용기에 달려 있습니다. 한 번 북을 치면 용기가 일어나고 두 번 북을 치면 용기가 가라앉으며 세 번 북을 치면 용기가 바닥납니다. 저쪽의 용기는 가라앉았는데 우리의 용기는 넘쳐서 이긴 겁니다. 또한 큰 나라는 예측하기가 어려워 매복이 있을까 두려웠습니다. 제가 보니 저들의 바큇자국이 어지럽고 깃발도 쓰러져서 추적하게 한 겁니다.'"對曰, "夫戰, 勇氣也. 一鼓作氣, 再而衰, 三而竭. 彼竭我盈, 故克之. 夫大國, 難測也, 懼有伏焉. 吾視其轍亂, 望其旗靡, 故逐之." 조귀는 먼저 전쟁은 '용기'勇氣에 달려 있다고 설명합니다. '용'과 '기'라는 두 글자가 여기에서 최초로 서로 결합되어 사용되었습니다. 조귀는 전쟁은 현실적인 조건 간의 싸움이 아니라 용맹한 정신 간의 싸움이므로 정신적 측면의 계산이 필요하다고 강조합니다. 그래서 "북소리를 들으면 가슴속에서 용기가 솟아오릅니다. 적의 용기가 가장 드높을 때는 쳐들어가면 안 됩니다. 두 번째 북소리가 울리면 용기가 처음만 못하고 세 번째 북소리가 울리면 용기가 전부 바닥나 버리지요. 그렇게 저들의 용기가 사라졌을 때 우리가 비로소 북을 쳐 우리의 용기를 끌어올렸기 때문에 이길 수 있었습니다"라고 말했습니다.

이어서 조귀는 노나라군이 바로 제나라군을 추격하지 못하게 말린 이유에 대해서도 설명합니다. "우리의 상대는 대국이었습니다. 군사가 많고 물자도 충분해 그들이 어떻게 나올지 예측하기 어려웠습니다. 매복이 있을지도 몰랐지요.

그래서 그들의 수레 바큇자국이 어지럽고 깃발이 이리저리 쓰러진 것을 보고서야 그들이 패한 척 우리를 매복 안으로 끌어들이려 하는 것이 아님을 확신하고 그들을 추격하게 한 겁니다."

주나라 시대의 전쟁 용어

여기에서는 노장공 11년 전문으로 뛰어넘어 당시 국가 간 전쟁에서 쓰였던 특수한 용어의 정확한 의미를 알아보겠습니다.

"무릇 군사의 전투에서 적이 진용을 갖추기 전에 쳐서 승리했으면 어느 나라 군대를 패敗했다 하고, 양쪽이 다 진용을 갖췄으면 전戰이라 하고, 크게 패배시켰으면 패적敗績이라 하고, 적의 장수를 사로잡았으면 극克이라 하고, 매복으로 물리쳤으면 어느 나라 군대를 취取했다 하고, 주나라 천자의 군대가 패했으면 왕사패적우모王師敗績于某라 한다." 凡師, 敵未陳曰敗謀師, 皆陳曰戰, 大崩曰敗績, 得儁曰克, 覆而敗之曰取某師, 京師敗曰王師敗績于某.

군대의 전투에서 만약 상대방이 진용을 갖추기도 전에 쳐들어가 싸워 이겼으면 '패'했다 했고, 양쪽이 다 진용을 갖추고 싸우는 것은 '전'이라 했으며, 교전 끝에 한쪽이 다른 쪽을 완전히 와해시켰으면 '패적'이라 했습니다. 또한 전투에서 이기고 상대방의 지위 높은 주요 인사까지 사로잡았으면 '극'이라 했고, 매복으로 상대방을 함정에 빠뜨려 승리를 얻었으면 '취'했다 했습니다. 마지막으로 주나라 천자의 군대가 패했을 때는 왕의 군대가 어느 나라 군대에 패했다는 뜻으로 '왕사패적우모'라고 표기했습니다.

이 정의에 따르면 장작에서 제나라군과 노나라군이 싸운 것은 '전'입니다. 그리고 노나라군이 이긴 것을 '극'이라 했는데, 이는 노나라군이 승리하는 과정에서 제나라군의 중요한 인물을 포로로 잡았기 때문입니다.

그런데 『춘추』가 이렇게 차별적인 용어 사용법을 발전시키고, 또 『좌전』이 노장공 11년 전문에서 정식으로 이를 설명한 것은 어떤 고도의 시대적 상징적 의미가 있습니다. 바로 이때부터 나라 사이의 전쟁이 갈수록 빈번해지고 그 형태도 복잡해졌기 때문입니다. 그 밖에 외면할 수도, 부인할 수도 없는 사실은 주나라 천자의 군대가 본래의 봉건 질서하에서 누렸던 권위를 잃고 이제는 반드시 위에서 아래로만 정벌을 하지도, 나아가 반드시 이기지도, 이기려 하지도 못하게 됐다는 겁니다. 이것만 놓고 보면 봉건 질서는 단지 껍데

기만 남은 셈이었습니다. '왕의 군대'王師를 이겼을 때를 위한, 명백히 제후들의 입장에 치우친 특수한 표현까지 고안될 정도였으니까요. 천자의 군대는 패하기만 하면 대패를 의미하는 '패적'으로 기록되었습니다. 이치상 천자의 군대는 높고 거대해서 어떤 형태로 패하든 크게 패한 것이기 때문이었습니다. 그리고 주나라 천자의 군대가 패하면 꼭 '패적우모'라고 표기해 어느 나라 군대에 패했는지 밝혔습니다. 이는 표면적으로는 죄를 꾸짖기 위함이었지만, 실제로는 천자의 군대를 이길 만한 능력이 있는 나라가 자기 자랑을 할 기회를 주는 것이나 다름없었습니다.

노장공 10년으로 돌아가 『좌전』의 기록을 보면 "여름 6월, 제나라군과 송나라군이 낭郎에서 머물렀다"夏六月, 齊師宋師次于郎로 시작하는 부분이 있습니다. '낭'은 노나라 국경 안의 지명이고, '차'次는 우리가 앞에서 봤듯이 군대가 어느 지역에 이틀 이상 주둔하는 것을 가리키는 글자입니다. 이처럼 제나라와 송나라 군대가 노나라 영토에 진입해 주둔했는데, 이것은 그 앞의 정월에 일어난 사건과 관련이 있었습니다. 그때 장작의 전투에서 패배한 대국 제나라가 분을 이기지 못하고 반년 만에 송나라와 손을 잡고 노나라에 침입했던 겁니다.

두 나라 군대는 낭에서 진군을 멈추고 노나라의 반응을 살폈습니다. 노나라는 낭에 군대를 보내 정식으로 응전할 수도 있었고, 상대방의 군대가 너무 강해 승산이 없다고 판단되면 외교적인 경로를 통해 대가를 치르고 두 나라를 물러가게 할 수도 있었습니다.

"공자 언偃이 말하길, '송나라군은 정비되지 않아 이길 수 있습니다. 송나라가 패하면 제나라는 반드시 돌아갈 겁니다'라고 했다. 그는 공격하기를 청했다. 하지만 장공은 허락하지 않았다."公子偃曰, "宋師不整, 可敗也. 宋敗, 齊必還." 請擊之. 公不許. 노장공이 싸울지 화해할지 아직 결정을 못 내리고 있을 때 대부인 공자 언이 나서서 주장했습니다. 제나라와 송나라 군대의 진용이 서로 다르고 송나라군이 훨씬 약하기 때문에, 먼저 송나라군을 격파하기만 하면 제나라는 어쩔 수 없이 철군할 것이라고 말입니다. 본래 제나라는 보조적인 역할을 기대하고 송나라를 끌어들였는데, 그런 상대적으로 약한 송나라를 이용해 노나라가 제나라를 견제함으로써 열세를 우세로 전환할 수 있다는 것이었습니다. 공자 언은 직접 군대를 이끌고 송나라군을 공격하겠다고 나섰습니다. 하지만 노장공은 그의 주장을 묵살했고, 그가 출전하는 것도 허락하지 않았습니다.

이에 공자 언은 독자적으로 움직였습니다. "공자 언은 우문雩門으로 몰래 나가서 호랑이 가죽을 쓰고 먼저 공격했다. 장공도 그 뒤를 따랐다. 승구乘丘에서 송나라군을 대패시키자 제나라군은 돌아갔다."自雩門竊出, 蒙皐比而先犯之. 公從之. 大敗宋師于乘丘. 齊師乃還. 공자 언은 제멋대로 군대를 이끌고 서남쪽 문으로 나가 말에 호랑이 가죽을 뒤집어씌운 채 송나라군을 공격했습니다. 노장공도 뒤늦게 이 사실을 알고 서둘러 대군을 이끌고 뒤따라갔습니다. 그래서 승구라는 곳에 이르러 송나라군을 크게 무찔렀습니다. 공자 언이 기습을 했기 때문에 송나라군은 미처 진용을 갖추지 못했습니다. 그래서 앞에서 설명한 용어 사용법에 따라 '대패'大敗로 기록했습니다. 송나라군이 '패적'敗績했다고 기록하지 않고 말입니다. 송나라군이 패하자, 과연 공자 언의 예상대로 제나라군은 부담을 느끼고 물러갔습니다.

그래서 "장공은 허락하지 않았다"는 결코 노장공이 공자 언의 의견에 찬성하지 않았다는 말이 아닙니다. 단지 공자 언이 군대를 이끌고 송나라군을 치는 것에 동의하지 않은 것이지요. 하지만 공자 언은 다른 사람이 공을 세우는 것을 원치 않았기에 대담하게 "몰래 나갔고", 노장공도 보조를 맞춰 대군을 이끌고 그를 뒤따라갔던 겁니다.

예의는 핑계일 뿐

이어지는 사건에 대한 경문은 "가을 9월, 초나라가 채나라군을 신莘에서 무찌르고 채후蔡侯 헌무獻舞를 붙잡아 돌아갔다"秋九月, 荊敗蔡師于莘, 以蔡侯獻舞歸입니다. 전문은 이를 비교적 상세히 설명했는데, "채애후蔡哀侯는 진陳나라 여자와 결혼했고, 식息나라 군주도 그랬다. 식규息嬀가 친정에 돌아갈 때 채나라를 지나가게 되었다. 채애후가 '내 처제다'라며 그녀를 멈추게 해 만났지만 예를 갖추지 않았다"蔡哀侯娶于陳, 息侯亦娶焉. 息嬀將歸, 過蔡. 蔡侯曰, "吾姨也." 止而見之, 弗賓라고 했습니다.

이 사건의 발단은 채애후에게서 비롯되었습니다. '애哀'는 시호인데, 이 시호를 보고 우리는 그가 오래 살지 못했거나, 아니면 훗날 품행이 좋지 않았다는 평가를 받았음을 알 수 있습니다. 채애후의 아내는 진나라에서 시집을 왔고, 당시 식나라 군주의 아내도 마찬가지로 진나라에서 시집을 왔습니다. 봉건 질서하에서 각국의 귀족, 특히 군주의 혼인은 기본적으로 외교의 일부였습니다. 혼인을 통해 각국은 대대로 인척이 되어 자연스러운 유대 관계를 맺었습니다. 하지만 봉건 질서가 흔들리는 과정에서 인척 관계도 흔히 국제적 충돌의 원인이 되곤 했습니다.

이 사건이 바로 그런 충돌의 예입니다. 식나라 군주의 아내 식규('규'嬀는 그녀의 친정인 진나라의 성이었습니다)가 친정인 진나라에 가다 채나라를 지나게 되었는데, 채애후가 "이 사람은 내 아내의 자매다!"라고 하며 친족의 예에 따라 식규를 붙잡고 만남을 가졌습니다. 그런데 그 자리에서 채애후가 식규에게 규범에 어긋나는 말이나 행동을 하고 말았습니다.

"식나라 군주가 그 소식을 듣고 노하여 초문왕에게 사신을 보내 말하길, '우리를 정벌하면 내가 채나라에 구원을 요청할 테니 그때 채나라를 정벌하십시오'라고 했다. 초나라 군주는 그 말대로 했다."息侯聞之, 怒, 使謂楚文王曰, "伐我, 吾求救於蔡而伐之." 楚子從之. 아내가 채애후에게 경박한 짓을 당했다는 소식을 듣고 식나라 군주는 당연히 화가 났습니다. 그러나 당시 채나라의 세력은 식나라보다 훨씬 강했습니다. 그랬기 때문에 채애후가 감히 식규에게 그런 실례를 저질렀던 것이 틀림없습니다. 스스로는 도저히 채나라를 상대할 수 없었던 식나라 군주는 꾀를 내었습니다. 그는 초문왕에게 사신을 보내 먼저 군사를 일으켜 식나라를 쳐 달라고 제안했습니다. 식나라는 소국이고 초나라는 대국이어서 식나라는 당연히 초나라를 당해 낼 수 없었습니다. 그러면 식나라 군주는 초나라와 작위가 동등한 데다 식나라와 인척 관계인 채나라에 구원을 요청할 테고, 채나라는 당연히 식나라를 도울 것이었습니다. 그렇게 되면 초나라는 채나라를 칠 핑계가 생기는 셈이었습니다!

그것은 실로 정교한 외교적 음모였습니다. 그런 방식으로 식나라는 채나라를 칠 수 있는 핑계를 초나라에 마련해 주었습니다. 식나라는 채나라보다 약했지만 초나라는 채나라보다 강했습니다. 더 중요한 것은 채나라가 초나라 옆에 있어서 일찍부터 초나라가 집어삼키려고 호시탐탐 노려 온 대상이었다는 사실입니다.

다시 "가을 9월, 초나라가 채나라군을 신에서 무찌르고 채후 헌무를 붙잡아 돌아갔다"라는 기록으로 돌아와 보겠습니다. 식나라의 제안을 받아들여 군사를 일으킨 초나라는 채나라를 무찔렀을 뿐만 아니라 채애후까지 사로잡아 초나라로 데려갔습니다. '헌무'는 채애후의 이름이었습니다. 여기에서 그는 사실상 군주의 지위를 잃었기 때문에 『좌전』도 그를 더 이상 '채애후'라 칭하지 않고 '채후 헌무'라 칭한 겁니다.

그다음 기록에서는 우선 제나라에서 일어났던 사건을

회고합니다. 경문은 "겨울 10월, 제나라군이 담譚나라를 멸했고 담나라 군주는 거나라로 도망쳤다"冬十月, 齊師滅譚, 譚子奔莒이고, 전문은 "제환공이 나라 밖으로 나가 담나라를 지나갔는데, 담나라가 그를 예우하지 않았다. 제환공이 제나라로 들어가자 제후들이 다 축하했는데 담나라는 또 오지 않았다. 겨울에 제나라군이 담나라를 멸했다. 담나라가 무례했기 때문이다. 담나라 군주는 거나라로 도망쳤다. 거나라가 동맹국이었기 때문이다"齊侯之出也, 過譚, 譚不禮焉. 及其入也, 諸侯皆賀, 譚又不至. 冬, 齊師滅譚, 譚無禮也. 譚子奔莒, 同盟故也입니다. '제후'齊侯가 가리키는 인물은 제환공입니다. 제양공이 막 즉위했을 때 아직 공자 소백이었던 제환공은 죽음을 피해 도망치다 담나라를 지나게 되었습니다. 담나라는 제나라 인근의 소국으로 작위는 다섯 등급 중 네 번째인 '자'였습니다. 그런데 담나라는 대국의 공자에게 걸맞은 예로 그를 접대하지 않았습니다. 나중에 공손 무지가 죽고 제환공이 공자 규보다 먼저 제나라로 들어와 즉위했을 때도 인근 나라들은 다 앞다퉈 사신을 보내 축하하며 제환공의 군주 지위를 인정했지만 담나라는 사신을 보내지 않았습니다. 그래서 제환공은 즉위한 지 1년여 만에 보복을 가했습니다. 그에게 무례했다는 이유로 담나라를 멸했고, 담나라 군주는 거나라로 도망쳤습니다. 거나라와 동맹 관계였기 때문입니다.

"담나라가 무례했다"며 『춘추』와 『좌전』은 '예'에 주목했지만, 우리는 『춘추』와 『좌전』 모두에서 시대의 거대한 변화 속에서 예가 왜곡되어 걸핏하면 핑계로 이용되었음을 확인할 수 있습니다. 실질적이고 결정적인 요소는 역시 국력의 규모였습니다.

두 사건은 모두 여러 대국의 틈바구니에 있던 소국의 처지를 보여 줍니다. 제나라 같은 대국에 내란이 일어나면 불가피하게 그 영향이 주변 나라에까지 파급되었습니다. 사실 담나라가 취한 행동은 노나라처럼 제나라의 내란과 관련해 잘못된 선택을 한 것에 불과했습니다. 노나라는 공자 규에게 판돈을 걸었지만 담나라는 아마도 그저 중립을 지키려 했을 겁니다. 그런데 난이 진압된 후 제환공은 위신을 세우기 위해 과거에 자기편에 서지 않았던 나라들을 응징하러 나섰습니다. 노나라는 대국이라 간시에서 한 번 패하긴 했지만 장작의 전투로 그나마 국면을 회복할 수 있었습니다. 그러나 전혀 제나라의 적수가 되지 못했던 담나라는 곧바로 멸망했고, 담나라 군주는 간신히 목숨만 부지했습니다. 그런데 담나라 군주는 왜 거나라로 도망쳤을까요? 다시 돌아보면 과거에 공자 소백(제환공)이 제나라를 탈출해 거나라에 몸을 의탁했습니다. 거나라는 제환공에게 은혜를 베푼 적이 있었으므로 담나라 군주를 보호해 줄 방도가 있었던 겁니다.

어떤 사람이 군주가 돼야 하나

『사기』史記 열전列傳 「태사공자서」太史公自序를 보면 "『춘추』에서 살해당한 군주는 36명이고 망한 나라는 52개국이며 사직을 보전하지 못하고 도망친 제후는 헤아릴 수 없을 만큼 많다"春秋之中, 弑君三十六, 亡國五十二, 諸侯奔走不得保其社稷者不可勝數라는 구절이 있습니다. 우리는 이미 짧은 2~3년간의 기록에서 공손 무지가 군주를 시해한 것을 보았고, 담나라가 망한 것을 보았고, 채애후가 사직을 보전하지 못하고 도망친 것을 보았습니다. 왜 이런 일이 생겼을까요? 태사공은 "그 까닭을 살피면 모두 근본을 잃었기 때문이다"察其所以, 皆失其本已라고 설명했습니다. 근본적인 봉건 질서의 행위 원칙을 잃었기 때문이라는 겁니다. 우리는 한 걸음 더 나아가 기존의 봉건 구조가 각국의 관계를 연동시켜 동란의 범위를 넓히고 그 정도를 더 악화시켰다고 설명할 수 있습니다.

제나라의 내란은 제나라만의 일이 아니었습니다. 공자 소백이 거나라로 도망쳐 거나라도 연루되었고, 공자 규가 노나라로 도망쳐 노나라도 연루되었습니다. 심지어 소백이 지나가기만 했는데도 담나라는 그 일로 망했습니다. 담나라 군주가 조금만 더 똑똑해서 공자 소백을 잘 대접했다면 화를 피할 수 있었을까요? 그랬을 것 같지는 않습니다. 그가 공자 소백을 잘 대접하는 쪽을 택했다면 공손 무지가 보복했을 수도 있지 않을까요? 나중에 혹시 공자 소백이 아니라 공자 규가 제나라 군주가 되었다면 담나라는 공자 규에게 보복을 당하지 않았을까요?

소국은 애초에 선택의 자유가 거의 없었습니다. 시국에 농락당할 수밖에 없었지요. 소국을 멸한 뒤에 대국은 더 커졌고, 다른 소국을 침탈하고자 하는 동기도 더 커졌습니다. 동시에 중간에서 완충 역할을 해 온 소국이 점점 줄어들어 대국 사이의 쟁투는 더 격렬해졌습니다.

『좌전』의 노장공 11년 기록 첫 줄은 "장공 11년 여름, 송나라가 승구의 전투 때문에 우리 노나라를 침범했다. 장공이 이를 막았다. 송나라군이 진용을 갖추기 전에 압박하여 자鄑에서 무찔렀다"十一年夏, 宋爲乘丘之役故, 侵我. 公禦之. 宋師未陳而薄之, 敗諸鄑입니다. 그해 여름에 송나라가 군사를 일으켜 노나라를 침범했습니다. '侵我'(침아)는 송나라군이 곧장 국경을 넘어 들어오기는 했지만, 한곳에 머물며 노나라가 보낸 군대를 맞이해 싸우지는 않았음을 뜻합니다. 송나라는 어째서 그렇게 심각한 일을 저질렀을까요? 그 전해에 송나라는 제나라와 함께 출병했고, 노나라는 뜻밖에 송나라를 공격하기로 정하고 승구에서 송나라군을 무찔러 송·제 연합군을 와해시켰습니다. 이 사건은 당연히 송나라에 상처를 입혔습니다. 송나라는 노나라와 마찬가지로 작위가 첫 번째 등급인 봉후封侯였고, 군주의 칭호도 공公이어서 스스로 대국이라 여겼습니다. 그런데 노나라에 그렇게 우롱을 당했으니 그 화를 삭일 길이 없었을 겁니다.

"장공이 이를 막았다"는 것은 노장공이 친히 군대를 이끌고 가서 송나라군을 막았음을 뜻합니다. 노나라군은 송나라군이 미처 전열을 정비하지 못한 틈을 타 돌진해 들어갔습니다. '陳'(진)은 곧 '진을 칠 진'陣이며 '薄'(박)은 곧 '다그칠 박'迫입니다. 그래서 노나라군은 '자'라는 곳에서 송나라군을 격파했습니다. 상대가 진용을 다 갖추기 전에 싸워 이겼기 때문에 '패'敗라고 기록했습니다.

결국 2년 사이에 노나라와 송나라는 연달아 두 번 큰 전투를 치렀고, 두 번 모두 송나라가 침략했으며, 역시 두 번 모두 노나라가 승리를 거뒀습니다. 이로 인해 송나라의 지위는 크게 흔들렸습니다. 게다가 더 불운한 일이 또 송나라를 기다리고 있었지요. 『좌전』의 다음 기록은 이렇습니다. "가을, 송나라에 홍수가 났다. 장공이 사신을 보내 위문하여 말하길, '하늘이 큰비를 내려 농작물이 피해를 입었으니 어찌 위문하지 않을 수 있겠습니까?'라고 했다. 이에 답하길, '실로 고孤*가 불경하여 하늘이 재앙을 내리셨고, 또 군주에게 걱정을 끼쳤으니 송구스러울 따름입니다'라고 했다."秋. 宋大水. 公使弔焉, 日, "天作淫雨, 害於粢盛, 若之何不弔?" 對日, "孤實不敬, 天降之災, 又以爲君憂, 拜命之辱."

가을에 송나라에 큰 수재가 발생해 어마어마한 인명과 재산 피해를 입었습니다. 2년 연속 송나라와 싸우기는 했지만 노장공은 사신을 보내 위문의 말을 전했습니다. 이에 송민공宋閔公은 겸손한 말투로 "이것은 저의 잘못입니다. 제가 하늘을 충분히 공경하지 못해 생긴 일이지요. 하늘이 재앙을 내려 저를 벌하셨는데, 이로 인해 뜻밖에 군주에게 심려를 끼쳤습니다. 이렇게 관심을 가져 주시니 저로서는 정말 감당하기 어렵습니다"라고 답했습니다.

송민공이 사신에게 한 말은 노나라에 전해졌고, 예를 잘 알기로 유명했던 대부 장문중臧文仲은 그 말에 대해 이렇게 논했습니다. "장문중이 말하길, '송나라는 흥할 것이다! 우禹와 탕湯은 자신에게 죄를 돌려 흥성하기 시작했고, 걸桀과

---

* 왕후(王侯)의 겸칭.

주紂는 남에게 죄를 돌려 홀연히 망하였다. 또한 나라에 재앙이 있으면 군주가 스스로 고라고 칭하는 것이 예다. 두렵다고 하며 예에 맞는 명칭을 썼으니 쉽지 않은 일이다!'라고 했다."臧文仲曰, "宋其興乎! 禹湯罪己, 其興也悖焉, 桀紂罪人, 其亡也忽焉. 且列國有兇, 稱孤, 禮也. 言懼而名禮, 其庶乎!" 예를 잘 아는 사람은 필경 역사도 잘 알기 마련이므로, 그는 성왕인 우와 탕 그리고 폭군인 걸과 주의 예를 들어 비교했습니다. 이를 통해 우리는 주나라의 기본 가치관에 따르면 군주는 수시로 자신의 책임을 점검해야 하며, 잘못을 남에게 미루고 아랫사람을 함부로 벌하는 것은 망국의 군주나 일삼는 짓이었음을 알 수 있습니다.

장문중은 또한 "나라가 흉사나 재난을 당하면 군주는 스스로 낮추고 겸양하여 자신을 고라고 칭해야 예에 맞다. 송민공은 말할 때 조심스러운 태도를 보였고 또 예에 맞는 칭호를 썼으니 이것은 쉽지 않은 일이다!"라고 말했습니다. 마지막의 '其庶乎'(기서호) 혹은 '庶其乎'(서기호)는 고문에서 칭찬할 때 관용적으로 사용하는 말입니다. 본래 뜻은 "거의 됐다"인데, 거기에서 "이 정도로 한 것만 해도 쉽지 않은 일이다"라는 뜻이 파생되었습니다.

그다음 기록입니다. "얼마 후 그 말이 공자 어열御說이

한 말이었다는 것을 듣고 장손달臧孫達이 '군주가 될 만하다, 백성을 가엾이 여기는 마음이 있으니'라고 말했다."既而聞之 曰. "公子御說之辭也." 臧孫達日, "是宜爲君, 有恤民之心." 나중에 새로운 소식이 또 전해졌습니다. 알고 보니 송민공은 동생인 공자 어열이 미리 준비해 준 말을 읊은 것에 불과했습니다. 이에 노나라의 또 다른 대부였던 장손달은 "그렇다면 그 공자 어열은 군주가 되기에 적합하다. 그는 백성의 어려움을 동정하고 연민하는 마음을 갖고 있기 때문이다"라고 평했습니다.

장문중과 장손달의 말은 모두 예언입니다. 『좌전』에는 많은 예언이 기록되어 있고 그 대부분이 정확합니다. 물론 『좌전』을 쓰고 정리한 사람은 이미 사건들의 결과를 알았기 때문에 맞는 예언만 취하고 틀린 예언은 뺄 수 있었을 겁니다. 하지만 중요한 점은 적중한 예언들을 통해 『좌전』이 인간사의 절대적인 규칙을 제시하면서 독자에게 어떤 원인이 어떤 결과를 낳고, 또 어떤 발전이 어떤 조짐을 갖는지 전달하려 했다는 점입니다. 그것은 봉건 질서에 대한 변호인 동시에 모종의 정치 이론과 역사철학의 신념이었습니다.

이 밖에도 장손달의 말에는 춘추시대의 또 다른 새로운 관심사가 반영되어 있습니다. 바로 어떤 사람이 군주를 맡기에 적합한가입니다. 본래의 봉건제도에서는 이치상 이런 문제가 존재하지 않았습니다. 누가 군주가 되느냐는 신분에 의해 결정되는 문제로 능력과는 무관했기 때문입니다. 하지만 "살해당한 군주는 36명이고 망한 나라는 52개국이며 사직을 보전하지 못하고 도망친 제후는 헤아릴 수 없을 만큼 많았던" 춘추시대의 환경에서 사람들은 불가피하게 어떤 군주가 다스리느냐에 따라 전혀 다른 결과가 빚어진다는 것을 의식하게 되었습니다. 어떤 나라는 훌륭한 군주 덕분에 강해졌고 어떤 나라는 못난 군주 때문에 재난을 당해 멸망에 이르렀습니다. 그래서 통치력에 관한 논의가 시작되었고, 어떻게 통치력의 표준을 정하느냐가 그 시대의 새롭고 열띤 화제가 되었습니다.

5

패업의 형성

천하장사의 비극

이어서 노장공 12년에 일어난 사건을 살펴보겠습니다. 경문은 "가을 8월 갑오일, 송만宋萬이 군주 첩捷을 시해하고 대부 구목仇牧을 죽였다"秋八月甲午, 宋萬弑其君捷及其大夫仇牧인데, 『좌전』의 한 해 전 기록을 보면 "승구의 전투에서 장공은 금복고金僕姑로 남궁장만南宮長萬을 쏘아 맞혔고, 장공의 거우車右 천손歂孫이 그를 붙잡았다. 송나라가 그를 풀어 달라고 청했다"乘丘之役, 公以金僕姑射南宮長萬, 公右歂孫生搏之. 宋人請之라고 그 전후 맥락이 설명되어 있습니다.

그 전해에 노나라가 송나라를 대파한 승구의 전투에서 노장공은 자신의 활 금복고로 송나라 대부 남궁장만을 쏘아 맞혔습니다. 그러고 나서 노장공과 같은 병거에 타고 있던 거우부장車右副將 천손이 남궁장만을 포로로 붙잡았지요. 이에 송나라는 남궁장만을 풀어 달라고 노나라에 청했습니다.

이어지는 기록은 "송민공이 남궁장만을 조소하며 말하길, '처음에 나는 자네를 경외했지만 지금 자네가 노나라의 포로가 되었으니 경외하지 않네'라고 했다"宋公斳之, 曰. "始吾敬子, 今子魯囚也, 吾弗敬子也." 病之입니다. 결국 노나라는 남궁장만을 송나라로 돌려보내 주었습니다. 그런데 송민공은 남궁장만을 비웃으며 "예전에 나는 자네를 두려워했네. 그런데 지금 자네는 노나라의 포로가 됐다가 돌아왔으니 더는 두려워할 필요가 없겠군"이라고 말했습니다. 『사기』세가世家「송미자세가」宋微子世家에 따르면 이 말은 송민공이 남궁장만과 함께 사냥을 나갔을 때 한 말이라고 합니다. 당시 두 사람은 사냥감을 놓고 내기를 하다 언쟁이 붙었는데, 그때 송민공이 화가 나서 이 말을 내뱉었다고 합니다. 남궁장만은 힘이 천하장사였습니다. 그래서 송민공이 예전에 그를 두려워했다고 한 겁니다. 하지만 전장에서 포로가 됐다가 돌아온 지금 그는 그렇게 대단한 인물이 아니라고 밝혀졌기에 더는 두려위할 필요가 없다고 한 것이지요. 송민공의 이 말은 남궁장만의 가장 굴욕적인 상처를 건드렸습니다. 그는 극도로 불쾌해져 이 일을 가슴 깊이 품었습니다.

이것이 노장공 12년 가을에 송나라에서 일어난 변고의 원인으로 노나라와도 관련이 있었습니다. 이어지는 『좌전』의 기록은 "장공 12년 가을, 송만이 몽택蒙澤에서 송민공을 시해했다. 그리고 문에서 구목과 마주치자 맨손으로 때려죽였고, 동궁東宮 서쪽에서 대재독大宰督과 마주치자 또 죽였다. 군주로 자유子游를 세웠다"十二年秋, 宋萬弑閔公于蒙澤. 遇仇牧于門, 批而殺之. 遇大宰督于東宮之西, 又殺之. 立子游입니다. '송만'은 바로 앞에서 나온 남궁장만입니다. 중요한 대부이자 용사이며 대장이었던 남궁장만은 송민공에게 조롱당한 것을 참지 못하고 아예 그를 살해했습니다. '몽택'은 지명입니다. 아마도 송민공이 사냥을 나가서 머물던 곳이었을 겁니다.

남궁장만은 살인에 혈안이 되었습니다. 문가에서 또 다른 대부 구목과 마주치자 그도 죽였습니다. '批'(비)는 맨손으로 치고받는다는 뜻입니다. 무시무시하게도 남궁장만은 무기도 없이 맨손으로 사람을 때려죽인 겁니다. 이를 통해 그가 얼마나 힘이 셌는지 알 수 있습니다. '동궁'은 제후의 내실인데, 틀림없이 남궁장만은 먼저 내실에 들어가 송민공을 죽인 뒤에 나오다 구목을 만나 죽였을 겁니다. 그러고는 서쪽으로 가서 대문을 나섰고, 도중에 송나라의 최고 집정관이었던 화독華督과 마주치자 역시 죽였습니다. 그는 확실히 충동적인 성격의 소유자였습니다. 화가 나서 앞뒤 가리지 않고 마구 살인을 자행했습니다.

남궁장만은 공자 자유를 송나라의 새로운 군주로 옹립했습니다. 이에 송민공의 형제와 자식들은 뿔뿔이 도망을 쳤습니다. "여러 공자가 소蕭로 도망쳤고, 공자 어열은 박亳으로 도망쳤다. 남궁우南宮牛와 맹획猛獲이 군대를 이끌고 박을 포위했다."群公子奔蕭. 公子御說奔亳. 南宮牛猛獲帥師圍亳. 공자 어열이 도망친 박은 상나라의 옛 도읍지였습니다. 송나라는 본래 상나라의 후예로 박은 송나라 영토 안에 있었습니다. 공자 어열은 송나라를 벗어나지 못했던 겁니다. 이에 남궁장만의 아들(동생이라는 설도 있습니다) 남궁우와 무장인 맹획이 군대를 동원해 박의 성을 에워싸고 공격을 가했습니다.

"겨울 10월, 소숙대심蕭叔大心과 대공戴公, 무공武公, 선공宣公, 목공穆公, 장공莊公의 일족이 조曹나라 군대와 함께 그들을 공격했다. 남궁우는 사師에서, 자유는 도읍에서 죽였고, 환공을 군주로 옹립했다."冬十月, 蕭叔大心及戴武宣穆莊之族, 以曹師伐之. 殺南宮牛于師, 殺子游于宋, 立桓公. 남궁장만의 무자비한 행각은 송나라 귀족들의 공분을 샀습니다. 『좌전』은 여기에서 "대공, 무공, 선공, 목공, 장공의 일족"이라고 강조했는데, 그들은 5대에 걸친 송나라 군주들의 후예였습니다. 그들이 손을 잡고 남궁장만을 반대하고 나선 겁니다. 또한 그 후예들은 앞에 언급된 "여러 공자"이기도 했습니다. 그들은 함께 송나라 도읍을 떠나 소로 갔고, 소의 대부였던 대심의 지원 아래 조나라 군대까지 끌어들여 남궁장만을 토벌했습니다. 먼저 '사'라는 곳에서 남궁우를 무찔러 죽였고, 그다음에는 곧장 도읍으로 진격해 남궁장만이 옹립한 자유를 죽이고 송환공을 새 군주로 옹립했습니다. 겨우 두 달 동안 군주였던 자유는 다른 나라의 인정도 받지 못해 시호를 얻지 못했습니다. 그래서 처음부터 끝까지 '자유'라고만 기록되었고, 송환공은 바로 공자 어열이었습니다.

남궁장만은 공자 어열을 방비하는 데 신경을 쏟느라 소에 있던 '여러 공자'의 존재를 소홀히 했습니다. 그 틈을 이용해 '여러 공자'는 소에서 힘을 결집하고 이웃의 조나라 군대까지 동원해 그를 격파한 겁니다.

이야기는 아직 끝나지 않았습니다. "맹획은 위衛나라로 도망쳤다. 남궁장만은 진陳나라로 도망쳤는데, 어머니를 태운 수레를 끌고 하루 만에 도착했다."猛獲奔衛. 南宮萬奔陳, 以乘車

輦其母, 一日而至. 상황이 심상치 않자 맹획은 위나라로 도망쳤습니다. 남궁장만도 진나라로 도망쳤지요. 그런데 도망칠 때도 그의 기백은 남달랐습니다. '輦'(연)은 소나 말이 아니라 사람의 힘으로 수레를 끈다는 뜻입니다. 남궁장만은 어머니를 태운 수레를 직접 끌고 송나라에서 진나라까지 백 킬로미터가 넘는 길을 하루 만에 주파했습니다. 정말 초인적인 힘이었습니다!

이런 전개를 보고 우리는 뒤늦게 깨닫습니다. 노장공이 직접 활로 남궁장만을 쏘아 맞혀 포로로 만든 일을 『좌전』에 왜 굳이 기록했는지 말입니다. 그것은 정말 어려운 일이었던 겁니다. 한 걸음 더 나아가 남궁장만이 송나라로 돌아갔을 때 송민공이 왜 그렇게 그를 비웃었는지도 이해할 수 있습니다. "자네처럼 무예가 뛰어난 사람도 노나라에 포로로 붙잡힐 수 있군!"이라고 비아냥거렸던 겁니다.

"송나라는 맹획을 넘겨 달라고 위나라에 청했다. 위나라는 넘겨주지 않으려 했다. 이에 석기자石祁子가 말하길, '안 됩니다. 천하의 악인은 하나같은데, 송나라의 미움을 받는 자를 보호해 주는 것이 우리에게 무슨 도움이 되겠습니까? 한 사람을 얻고서 한 나라를 잃고, 나쁜 것과 함께하고 옳은 것을 멀리하는 것은 도모할 만한 일이 아닙니다'라고 했다.

위나라는 맹획을 돌려보냈다.”宋人請猛獲于衛. 衛人欲勿與. 石祁子曰, "不可. 天下之惡一也, 惡於宋而保於我, 保之何補? 得一夫而失一國, 與惡而棄好, 非謀也." 衛人歸之. 송나라가 맹획을 넘겨 달라고 요구했을 때 위나라는 본래 거절하려 했습니다. 하지만 대부 석기자는 생각이 달랐습니다. 그래서 "그렇게 하면 안 됩니다. 어느 나라에서든 똑같이 미워하고 금기시하는 것이 있는데, 그것은 바로 군주를 시해하는 행위입니다. 송나라 사람들에게 미움을 받는 자를 보호해 준다면 우리 나라에 좋을 것이 뭐가 있겠습니까? 그자에게 어떤 능력이 있고 어떤 가치가 있든, 그자를 얻으면 송나라에 미움을 사게 됩니다. 나쁜 것을 지지하고 옳은 것을 버리는 것은 결코 나라에 도움이 되는 일이 아닙니다"라고 말했습니다. 결국 위나라는 석기자의 건의를 받아들여 맹획을 송나라로 돌려보냈습니다.

석기자의 말은 확실히 봉건 질서의 원칙을 대변합니다. 군주를 시해한 자를 비호할 수는 없었습니다. 그러면 애초에 위나라는 무슨 생각으로 맹획을 넘겨주려 하지 않았을까요? 그것은 정치적 계산에 따른 판단이었습니다. 이웃 나라의 혼란은 그들에게 나쁜 일이 아니었습니다. 군대를 지휘할 능력이 있을뿐더러 여전히 송나라에 소란을 일으킬 가능성이 있는 맹획을 데리고 있는 것은 당연히 위나라에 유리한 점이 있었습니다. 『좌전』은 전통 질서를 수호하는 입장에서 석기자의 발언을 당차고 정의롭게 표현했습니다. 그러나 실제로 춘추시대의 가장 핵심적인 특징을 감안하면, 전통 질서에서 비롯된 해답은 더는 그렇게 당연시되지 않고 심각한 도전을 받았습니다.

　"송나라는 또한 남궁장만을 넘겨 달라고 진나라에 청하며 뇌물을 주었다. 진나라는 여자를 시켜 남궁장만을 술에 취하게 하고 무소 가죽으로 그를 감쌌다. 송나라에 도착할 즈음 그의 손발이 다 드러나 있었다. 송나라는 맹획과 남궁장만을 모두 죽여 절였다."亦請南宮長萬, 以賂. 陳人使婦人飮之酒, 而以犀革裹之. 比及宋, 手足皆見. 宋人皆醢之. 여기에서 우리는 전통 원칙을 지키지 않고 얻을 수 있는 이점을 즉시 보게 됩니다. 송나라는 진나라에도 원흉인 남궁장만을 넘겨 달라고 요청했습니다. 그리고 진나라가 거절할까 두려워 후한 선물을 보냅니다. 이에 매수된 진나라는 미인계를 씁니다. 남궁장만에게 여자를 붙여 술에 취하게 한 뒤 그를 사로잡았지요. 그런 뒤에도 감히 긴장을 풀지 못하고 당시 사람들이 가장 질기고 튼튼하다고 여겼던 무소 가죽으로 꽁꽁 감싸서 송나라로 보냈습니다. 백 킬로미터가 넘는 길을 운반해 송나라의 도읍에 닿았는데, 살펴보니 남궁장만의 손발이 무소 가죽을 뚫고 튀

어나와 있었습니다. 그의 힘은 실로 불가사의했습니다. 조금만 지체했으면 무소 가죽도 그를 붙잡아 놓지 못했을 겁니다. 송나라로 붙잡혀 온 맹획과 남궁장만은 모두 가장 잔인한 형벌을 받았습니다. 칼에 베여 절여졌던 것이지요.

이것이 바로 희대의 장사 남궁장만의 비극입니다.

패업의 시작

노장공 13년 봄 경문은 "장공 13년 봄, 제환공과 송·진陳·채·주邾 나라 사람들이 북행北杏에서 모였다"十有三年春, 齊侯宋人陳人蔡人邾人會于北杏입니다. 이런 서술법은 그 동맹회의를 제환공이 주재했고 다른 송·진·채·주 나라는 대표자를 보내 참가시켰음을 나타냅니다. 『좌전』은 그 회의의 목적을 "장공 13년 봄, 북행에서 모인 것은 송나라의 변란을 다스리기 위해서였다"十三年春, 會于北杏, 以平宋亂라고 설명했습니다. 알고 보니 앞의 기록과 내용이 이어집니다. 송나라에서 짧은 기간에 두 군주가 살해되고 두 군주가 새로 옹립된 데다 여러 공자가 거기에 연루되었기 때문에 그 변란을 해결하고자 회의가 열린 겁니다.

『좌전』은 여기에 "수遂나라 사람이 오지 않아 여름에 제

나라가 수나라를 멸하고 군대를 보내 그곳을 지키게 했다"遂
人不至, 夏, 齊人滅遂而成至라고 한 줄을 덧붙였습니다. 본래 제환
공은 북행에서 열린 그 동맹회의에 수나라도 불렀지만 수나
라는 대표를 보내지 않았습니다. 그래서 몇 달 뒤 제나라는
수나라를 공격해 멸하고 군대를 보내 본래 수나라의 봉지였
던 곳을 지키게 했습니다.

　　글은 간단하지만 그 안에는 쉽게 지나칠 수 없는 역사적
변화가 담겨 있습니다. 봉건 질서는 동시에 친족 질서였습니
다. 만약 이모와 외삼촌이 싸우면 어머니는 절대로 모른 척
할 수 없고 외할머니와 심지어 아버지까지도 그 싸움에 관여
하게 됩니다. 친족 간 네트워크가 분쟁 해결에 도움을 주는
것이지요. 가장 단순한 친족 질서의 기능입니다. 이런 틀에
근거하여 송나라에서 발생한 군주 시해 사건에 다른 나라들
이 개입해 문제 해결에 협조하기로 했던 겁니다.

　　그런데 개입 방식에 중대한 변화가 일어났습니다. 대국
인 제나라가 회의를 소집하고 관련 국가들을 지정해 참가를
요구했습니다. 본래 친족 체계에 기반해 질서 회복을 꾀했던
형식이 이제는 패자霸者의 권력 행사 형태로 바뀐 겁니다.

　　가장 극명한 예가 "수나라 사람이 오지 않아" 벌어진 사
건이었습니다. 본래 친족 관계에서는 이모와 외삼촌이 싸우

면 외삼촌을 어릴 때부터 귀여워해 준 다른 친척 아주머니도 나서서 함께 싸움을 말릴 수 있습니다. 그런데 그 아주머니가 그럴 마음이 없으면 안 그래도 상관이 없습니다. 수나라의 태도가 바로 그랬지만, 안타깝게도 그들은 세상이 이미 변한 것을 알아채지 못했습니다. 당시 그 회의에는 의장이 있었고, 회의에 참석하지 않는 것은 의장의 체면을 깎고 깔보는 것이나 다름없었습니다. 심지어 그 회의에서는 분쟁의 조정보다 의장의 권위를 높여 주는 것이 더 중요했습니다.

수나라는 제나라의 권위에 도전했습니다. 제나라가 불렀는데 꼼짝도 하지 않은 나라가 있다는 것을 다른 나라들에 확인시켰기 때문입니다. 제나라가 보기에 그것은 예삿일이 아니었습니다. 특히 제나라는 당시 제양공의 죽음이라는 변란을 겪은 지 얼마 안 된 상태라 대국으로서의 지위를 주장하고 지키는 데 매우 민감했습니다.

제나라가 수나라를 멸한 데에는 당연히 다른 나라들에 본보기를 보여 주기 위한 의도도 있었습니다. 게다가 제나라의 행태는 매우 노골적이고 난폭했습니다. "군대를 보내 그곳을 지키게 했다"는 것은, 허수아비 군주를 세우는 절차마저 무시한 채 곧바로 수나라를 자기 영토로 삼았음을 뜻합니다. 그것은 제환공이 패주가 되기 위해 내디딘 첫걸음이었습니다.

다음으로 노장공 14년 경문을 보겠습니다. "장공 14년 봄, 제나라와 진나라와 조나라가 송나라를 쳤다."十有四年春, 齊人陳人曹人伐宋. 이에 대해 『좌전』은 그 전해에 일어난 사건과 연결시켜 "송나라가 북행 회의를 위반하여 장공 14년 봄에 제후들이 송나라를 쳤다. 제나라는 주나라에 파병을 요청했다. 여름, 주나라의 선백單伯이 합류했고 송나라와 화의를 맺고 돌아왔다"宋人背北杏之會, 十四年春, 諸侯伐宋. 齊請師于周. 夏, 單伯會之, 取成於宋而還라고 설명합니다.

송나라는 북행 회의에서 합의된 사항을 준수하지 않았습니다. 그래서 노장공 14년 봄에 제·진·조 세 나라 연합군이 송나라를 공격했습니다. 원래 송나라는 군주가 없는 혼란한 상태였을 때는 여러 나라의 개입과 조정을 받아들였지만, 나중에 공자 어열이 즉위해 질서가 회복된 뒤에는 당연히 자국의 일은 스스로 결정할 권리가 있다고 판단했습니다. 그래서 북행 회의의 결론을 계속 이행하기를 거부했던 겁니다.

하지만 그런 선택은 제나라의 권위에 대한 도전이자 훼손이었습니다. 제나라가 소집한 국제회의에서 합의한 결의가 송나라에 의해 일방적으로 뒤집힌다면 그 후로 누가 제나라에 협조하고 제나라의 말을 중요하게 생각하겠습니까?

그래서 앞장서서 출병을 이끈 나라는 당연히 제나라였습니다. 송나라의 조약 위반과 수나라의 회의 불참은 모두 제나라의 권위에 대한 도전이었고, 제나라는 이에 강경한 태도로 응징을 가했습니다. 하지만 송나라는 수나라와 비교해 규모도 크고 지위도 높았기 때문에 수나라를 응징했을 때와 똑같은 방식을 사용할 수는 없었습니다. 실제로 송나라는 봉건 작위가 제나라보다 한 등급이 높았습니다. 그래서 제나라는 주나라 천자의 명의를 빌리기로 하고 송나라 토벌 작전에 군대를 보내 달라고 주나라에 요청했습니다. "선백이 합류했다"는 것은 사실 선백이라는 사람이 혼자 와서 세 나라 연합군과 회합을 가졌다는 뜻입니다. 하지만 그것만으로도 충분했습니다. 본래 제나라가 원했던 것은 주나라 천자의 군대가 아니라, 주나라 천자가 어떤 형식으로든 관여해 천자의 권위로 송나라를 압박해 주는 것이었으니까요. 이렇게 불리해진 형국에서 송나라는 감히 천자의 군대와 맞싸우지 못하고 결국 투항하여 화의를 요청했습니다. '取成於宋'(취성어송)에서 '成'은 싸우지 않고 화의를 요청했다는 뜻입니다.

그것은 훗날 패자가 행한 패권 행사의 원형이었습니다. 패자는 반드시 상당한 군사적 우세를 유지하면서 필요할 때마다 무력으로 말 안 듣는 나라를 굴복시켜야 했습니다. 하지만 명분상으로는 여전히 주나라를 존중했습니다. 실제로는 주나라 천자의 명의로 자신의 독립적 의지를 관철하면서 말이지요. 이것은 봉건 질서와 약육강식의 논리가 타협을 이룬 방식이었습니다.

요괴는 사람 때문에 생긴다

이어서 『좌전』은 전통적인 봉건 대국인 정나라로 다시 눈길을 돌려 정나라에서 일어난 변란을 기록합니다. "역櫟에 머물던 정여공이 정나라를 쳤고, 대릉大陵에 이르러 부하傅瑕를 붙잡았다. 부하가 '저를 풀어 주시면 다시 군주에 오르게 해 드리겠습니다'라고 말했다. 정여공은 그와 동맹을 맺고 놓아 주었다. 6월 갑자일에 부하는 정나라 군주와 두 아들을 죽이고 여공을 도읍에 들어오게 했다."鄭厲公自櫟侵鄭, 及大陵, 獲傅瑕. 傅瑕曰, "苟舍我, 吾請納君." 與之盟而赦之. 六月甲子, 傅瑕殺鄭子及其二子, 而納厲公.

맨 처음 문장은 이해가 잘 안 갑니다. 정여공은 분명히 정나라의 군주였는데, 왜 그가 군대를 이끌고 역이라는 곳에서 정나라에 쳐들어갔을까요? 어떻게 된 일인지 이해하려면 『좌전』의 노환공 11년과 15년의 기록을 봐야 합니다. 이때로부터 21년 전과 17년 전에 정나라에서 벌어진 일이 서술되어 있습니다.

노환공 11년, 정장공이 세상을 떴습니다. 그때 정나라에는 정장공의 총애를 받아 하급 대부에서 일약 상경이 된 채중祭仲이라는 인물이 있었습니다. 그는 일찍이 정장공에게 등나라의 여자를 아내로 들이게 했고, 정장공은 그 여자에게서 공자 홀忽을 얻었습니다. 그래서 그는 공자 홀을 군주로 옹립했지요. 그런데 정장공에게는 따로 송나라 출신의 옹길雍姞이라는 첩이 있었고, 그녀는 공자 돌突을 낳았습니다. 이 공자 돌이 바로 훗날의 정여공입니다.

옹길의 가문은 송나라에서 큰 세력을 갖고 송장공宋莊公에게 중용되었습니다. 그래서 송나라는 계책으로 유인해 채중을 사로잡고 협박했습니다. "공자 돌을 새 군주로 옹립하지 않으면 너를 죽여 버리겠다"고 말이지요. 동시에 공자 돌까지 붙잡아 와서 보호비를 요구하기도 했습니다. 채중은 목숨을 보전하기 위해 어쩔 수 없이 송나라와 약속을 맺은 뒤 공자 돌과 함께 정나라로 돌아갔습니다. 그러고서 공자 홀을 끌어내리고 공자 돌이 군주 자리를 이어받게 했지요.

그런데 공자 돌이 채중의 힘을 빌려 즉위해 정여공이 된 탓에 정나라의 권력은 모두 채중의 수중에 들어갔습니다. 채중이 집권한 지 4년이 지난 노환공 15년, 더 이상 참을 수 없었던 정여공은 채중의 사위를 시켜 채중을 암살하게 했습니다.

『좌전』의 기록을 보면, "채중이 전횡을 하자 정여공이 이를 우려하여 채중의 사위인 옹규雍糾를 시켜 그를 죽이게 했다. 옹규가 채중을 위해 교외에서 연회를 베풀려 할 때 아내 옹희雍姬가 눈치를 채고 모친에게 묻길, '아버지와 남편 중에 누가 더 친하지요?'라고 했다. 모친이 말하길, '누구나 남편이 될 수 있지만 아버지는 한 분뿐인데 어찌 비교가 되겠느냐?'라고 했다"祭仲專, 鄭伯患之, 使其婿雍糾殺之. 將享諸郊, 雍姬知之, 爲其母曰, "父與夫孰親?" 其母曰, "人盡夫也, 父一而已, 胡可比也?"라는 내용이 나옵니다. 옹규는 멀리 떨어진 곳에서 연회를 열고 채중을 그곳에 초대해 죽이려 했습니다. 하지만 그 계획을 채중의 딸이자 그의 아내인 옹희에게 들키고 말았지요. 옹희는 어머니에게 가서 "아버지와 남편 중에 누가 더 친하지요?"라고 물었습니다. 어머니는 "많고 많은 남자가 다 네 남편이 될 수 있지만 세상에 아버지는 한 분뿐인데 어떻게 비교가 되겠니?"라고 말했습니다.

"마침내 채중에게 고하길, '옹씨가 집을 놔두고 교외에서 연회를 베푼다고 하는데, 그것이 미심쩍어 말씀드려요'

라고 했다. 채중은 옹규를 죽여 그 시체를 주씨周氏의 연못에 버렸다."遂告祭仲曰, "雍氏捨其室而將享子於郊, 吾惑之, 以告." 祭仲殺雍糾, 屍諸周氏之汪. 옹희는 아버지인 채중에게 가서 "남편이 자기 집을 놔두고 멀리 떨어진 교외에서 아버지를 초대한 것이 이상해서 말씀드려요"라고 말했습니다. 그 말을 듣고 채중은 무슨 음모가 숨겨져 있는지 알아챘습니다. 그래서 선수를 쳐 사위 옹규를 죽이고 그의 시체를 정나라 대부 주씨의 연못에 버려 떠오르게 했습니다. 음모가 실패로 돌아간 것을 정여공에게 알리기 위함이었습니다.

정여공은 다가올 위험을 피해야 했습니다. "정여공이 옹규의 시체를 싣고 도망치며 말하길, '음모를 아내에게 들키다니 죽어 마땅하다'라고 했다. 여름, 정여공은 채나라로 도망쳤다."公載以出, 曰, "謀及婦人, 宜其死也." 夏, 厲公出奔蔡. 정여공은 옹규의 시체를 수습해 수레에 싣고 도망쳤습니다. 그는 음모가 실패로 돌아간 것이 못내 원통해 "아내가 음모를 알게 하다니 죽어도 싸다"라며 죽은 옹규를 탓했습니다. 그리고 그 길로 채나라로 넘어갔습니다.

『좌전』은 "가을, 역에서 정여공이 마을 사람들과 단백檀伯을 죽이고 마침내 역에 들어가 살게 되었다"秋, 鄭伯因櫟人殺檀伯, 而遂居櫟라고 한 줄을 더 보충합니다. 채나라에 몇 달간 머물렀던 정여공은 역이라는 지역의 사람들을 충동질해 그곳을 관할하던 대부 단백을 죽이게 한 다음 그곳으로 건너갔습니다. 본래 역은 자신의 봉지였기 때문에 정여공은 그곳에서 영향력이 매우 컸습니다. 그래서 채중은 그를 어떻게 할 방도가 없었습니다. 이렇게 그는 채나라에서 정나라로 돌아갔습니다.

그 후로 17년간 정여공은 역에 살았지만, 도읍으로 돌아가 다시 군주가 되려는 꿈을 포기하지는 않았습니다. 노장공 14년, 그는 역에서 군대를 이끌고 도읍으로 쳐들어가다 대릉에서 정나라의 주요한 대부인 부하를 붙잡았습니다. 부하는 목숨을 건지기 위해 정여공에게 "저를 풀어 주시기만 하면 방법을 강구해 도읍으로 돌아가 군주가 되게 해 드리겠습니다"라고 말했습니다. 정여공은 부하와 약속을 한 뒤 그를 풀어 주었습니다. 6월에 부하는 약속대로 그 당시 군주였던 자의와 그의 두 아들을 죽였습니다. 사실 자의는 14년이나 군주를 했지만 사후에 시호를 얻지 못해 그저 '정자'鄭子라고 기록되었습니다.

정나라에서 이런 변란이 일어난 것에 대한 노장공의 반응을 『좌전』은 이렇게 기록했습니다. "애초에 안의 뱀과 밖의 뱀이 정나라 남문 한가운데에서 싸워 안의 뱀이 죽었다.

6년이 지나 정여공이 다시 군주가 되었다. 장공이 이를 듣고 신수에게 '요괴가 있는 것 같소?'라고 물었다."初. 內蛇與外蛇鬪於鄭南門中, 內蛇死. 六年而厲公入. 公聞之, 問於申繻曰, "猶有妖乎?" 6년 전 정나라 도성의 남문에서 수상쩍게도 뱀 두 마리가 서로 물어뜯으며 싸운 일이 있었습니다. 한 마리는 성문 밖 뱀이었고 한 마리는 성문 안 뱀이었지요. 결국 죽은 쪽은 성문 안 뱀이었습니다. 이 일이 생각나서 노장공은 대부 신수에게 "요괴가 장난을 친 것 같지 않소?"라고 물었습니다. 다시 말해 6년 전 뱀 두 마리가 싸운 결과가 이미 성 밖의 정여공이 도읍에 진입하고 성안의 자의가 살해되는 것을 예언하지 않았느냐는 것이었습니다.

이에 신수는 "사람이 뭔가를 두려워하는 것은 그 사람의 기세와 성질 때문입니다. 요괴는 사람 때문에 생깁니다. 사람에게 문제가 없으면 요괴는 스스로 생겨나지 않습니다. 사람이 한결같은 원칙을 버리면 요괴가 생겨납니다. 이것이 요괴가 생기는 까닭입니다"人之所忌, 其氣焰以取之. 妖由人興也. 人無釁也, 妖不自作. 人棄常, 則妖興, 故有妖라고 말했습니다.

신수의 말에는 『좌전』과 노나라 문화의 기본 입장이 반영되어 있습니다. 변화가 많은 불안한 시대에 사람들은 미래를 예측하고 재난을 방지할 수 있는 어떤 섭리를 적극적으로 찾게 마련입니다. 그래서 비정상적인 자연현상으로 인간사를 설명하는 일이 유행하기 쉽습니다. 그러나 신수가 내세우는 가치는 그런 믿음에 절대 반대합니다. 그들은 사람들이 자기 행위의 책임을 외면한 채 그것을 어떤 신비한 힘의 작용으로 간주하는 것을 인정하지 않고, 그것을 철저히 행위 사이의 인과관계 안으로 끌어들였습니다. 그리고 사람들이 상식과 규범에 따라 행동하기만 하면 비정상적인 자연현상에 영향을 받을까 봐 두려워할 필요가 없다고, 비정상적인 자연현상이 사람들을 좌지우지해 그에 상응하는 비정상적인 변란을 일으키는 것이 아니라 정반대로 사람들의 비정상적인 행위가 황당하고 요사스러운 자연현상을 촉발한다고 생각했습니다.

이런 사유 방식은 훗날 유가 전통에 스며들었고, 한나라에 이르러서는 '재이설'災異說로 발전했습니다. 재이설은 대자연의 '재이', 즉 비정상적인 자연현상이 인간사의 잘못으로 촉발되거나 혹은 인간사의 잘못에 대한 경고를 상징한다고 설명했습니다. 그래서 재이와 맞닥뜨리면 돌이켜 검토하고 반성해야 하는데, 특히 높은 사람이 무슨 잘못과 악행을 저질렀는지 검토하고 반성해 재이에 책임이 있는 사람과 행동을 밝혀내야 한다고 주장했습니다.

무엇에 충성을 바쳐야 하나

　노장공의 의혹을 다 기록한 뒤, 『좌전』은 다시 정나라로 돌아가 정여공의 소행을 계속 서술합니다. "정여공은 다시 군주가 되자마자 부하를 죽였다. 그리고 원번原繁에게 사람을 보내 말을 전하길, '부하는 두 마음을 가졌고 주나라에는 오래된 형벌이 있어, 그는 그것에 따라 죗값을 치른 거요. 나를 인정하고 두 마음이 없는 사람에게 나는 상대부의 일을 모두 맡겼소. 나는 백부와 나랏일을 도모하고 싶소. 그런데 내가 나라 밖으로 나갔을 때 백부는 안에서 나를 위해 말해주지 않았고, 들어온 뒤에도 나를 가까이하지 않으니 유감이구려'라고 했다."厲公入, 遂殺傅瑕. 使謂原繁曰, "傅瑕貳, 周有常刑. 既服其罪矣. 納我而無二心者, 吾皆許之上大夫之事. 吾願與伯父圖之. 且寡人出, 伯父無裡言, 入, 又不念寡人, 寡人憾焉."

　정여공이 다시 군주가 돼서 첫 번째로 한 일은 뜻밖에도 자신에게 협조한 부하를 죽인 것이었습니다. 그다음에는 정나라 대부 원번에게 사람을 보내 이런 말을 전했습니다. "부하가 죽은 것은 불충했기 때문이오. 목숨을 보전하려고 본래 군주를 배반하고 팔아먹었소. 이런 불충한 행위에 대해 우리 주나라에는 본래 정해진 징벌이 있어 왔소. 그는 이제 자신의 죗값을 치렀소. 배반 행위를 저지르지 않고 지금 나를 받아들인 사람들에게는 모두 상대부의 직무를 허락했소. 나는 백부(원번은 종족 관계에서 정여공보다 한 항렬 위였기 때문에 백부라고 불렀습니다)와 정나라 통치에 대해 잘 상의하기를 원하오. 그런데 과거에 내가 떠났을 때 백부는 도성 안에서 나를 위해 얘기해 주지 않았고, 지금 내가 다시 즉위한 뒤에도 와서 나를 가까이하지 않으니('念'(념)은 여기에서 가까이한다는 뜻입니다) 대단히 유감이오."

이 말은 원번에 대한 질책입니다. 다른 사람은 모두 자기한테 와서 충성을 맹세하고 그 대가로 높은 지위를 보장받았는데, 왜 원번만 과거에도 자신을 지지해 주지 않고 지금도 속히 와서 옆에 붙지 않느냐는 것이었지요.

정여공의 이런 질책에 원번은 '충'忠에 대한 자신의 정치철학적 사유를 제시합니다. 그는 우선 대답하길, "선군先君이신 환공께서는 저의 선조에게 종묘를 관리하는 책임을 맡기셨습니다. 사직의 주인은 군주인데 신하가 마음속에 다른 사람을 품는다면 그것이야말로 두 마음을 갖는 것입니다!"先君桓公命我先人典司宗祏, 社稷有主, 而外其心, 其何貳如之!라고 했습니다.

그는 정여공에게 자신의 가문이 충성을 바쳐 온 대상이 사직, 즉 나라이지 어떤 개인이 아님을 표명합니다. 그래서 자의가 정나라 사직의 주인이었을 때 만약 자기가 정여공을 지지해 대변해 주고 내부 정보를 알려 주었다면 대부 가문의 일원인 자신의 직책에 어떻게 떳떳할 수 있었겠느냐고 말합니다.

원번은 또 "사직에 주인이 있다면 나라 안의 백성 중에 누가 신하가 아니겠습니까? 신하가 두 마음을 갖지 않는 것은 하늘이 정한 법도입니다"苟主社稷, 國內之民, 其誰不爲臣? 臣無貳心, 天之制也라고 계속 자기가 생각하는 충에 관해 말합니다. 우선은 나라에 충성하고, 그다음에 비로소 나라의 주인인 군주에게 충성해야 한다는 것이 그의 생각이었습니다. 그런데 이 말 역시 그의 입장을 해명하고 있습니다. 자의가 군주였을 때 그는 절대로 부하처럼 정여공을 지지했을 리가 없습니다. 하지만 이제 정여공이 군주가 된 이상 나라에 충성한다는 자신의 태도에 따라 새로 정여공에게 충성하는 것은 너무도 당연했습니다.

이어서 원번은 "자의는 이미 14년이나 군주였는데 군주를 다시 부르기로 모의한 자들이 어찌 두 마음을 갖지 않았다고 할 수 있겠습니까? 장공의 아들이 아직 여덟 명이나 됩니다. 만약 그들이 모두 관작을 뇌물로 삼아 두 마음을 가지라고 권한다면 역시 일을 도모할 수 있을 텐데, 그러면 군주

께서는 어찌하시겠습니까? 신은 명을 기다리겠습니다"子儀在
位十四年矣, 而謀召君者, 庸非二乎? 莊公之子猶有八人, 若皆以官爵行賂勸貳而
可以濟事, 君其若之何? 臣聞命矣라고 말한 뒤 스스로 목을 매어 죽
었습니다. 그는 아마 정여공에게 이런 뜻을 전하려 했을 겁
니다. "당신은 부하의 두 마음을 이용해 즉위할 수 있었는데,
즉위한 뒤에는 관작을 뇌물로 이용해 사람들에게 두 마음을
갖지 말라고 요구하고 있습니다. 이것은 논리적으로 앞뒤
가 맞지 않습니다. 저는 대부로서 본분을 지켜 왔을 따름입
니다. 그런데도 저를 탓하신다면 이것 역시 옳지 않은 일입
니다."

하지만 정여공이 자신의 충성심을 의심한다는 것을 알
고 원번은 삶에 미련을 버렸습니다. 스스로 목을 매어 자살
한 것이지요.

가장 중요한 포인트를 이야기해 보겠습니다. 자의는 14
년이나 군주를 지냈지만 복위 후 정여공은 그를 인정하지 않
았고 시호도 주지 않았습니다. 그리고 원번이 자의에게 충성
을 다한 것이 당연한 일이었다고 생각하지도 않았습니다. 여
기에는 충성의 대상이 무엇이냐에 대한 의견 충돌이 있습니
다. 원번은 군주의 명분과 지위에 충성을 바쳤지만, 정여공
은 신하들이 개인인 자신에게 충성하는 것이 마땅하다고 여

겼습니다. 그가 군주를 지내다 축출되었을 때 신하들이 마음을 바꿔 자의를 지지한 것은 그가 보기에 배반이자 두 마음을 가진 것이었습니다. 그러나 원번의 입장에서 보면 군주가 바뀌었어도 군주의 지위와 권력에 대한 자신의 충성심은 바뀌지 않았습니다. 원번은 자신이 말한 이런 원칙을 끝까지 지켰습니다. 정여공이 다시 즉위해 이미 군주가 되었으므로 정여공이 하는 말은 곧 대부가 따라야 할 명령이었습니다. 그래서 정여공이 자신에게 강한 불만을 표시하자, 그는 명령을 받들어 스스로 목숨을 끊었습니다.

요원의 불길

이어서 노장공 14년 가을 경문을 보면, "가을 7월, 초나라가 채나라로 쳐들어갔다"秋七月, 荊入蔡라는 아주 간단한 한 줄이 나옵니다. 『좌전』을 읽어 보면 이 기록이 지난 사건의 연속임을 알 수 있습니다. 『좌전』의 전문은 "채애후는 신莘에서의 전투 때문에 초문왕에게 식규의 미모를 칭찬했다"蔡哀侯爲莘故, 繩息嬀以語楚子입니다. 앞서 노장공 10년에 채애후는 식나라에 무례를 저질렀습니다. 그래서 식나라 군주는 초나라의 힘을 빌려 채나라를 응징하려 했고, 초나라군은 식이라는 곳에서 채나라군을 무찌른 뒤 채애후를 붙잡아 돌아갔습니다. 여기에서는 그 뒤에 일어난 일을 이야기하고 있습니다. 초나라에 도착한 뒤 채애후는 어떻게든 복수를 하려고 머리를 쥐어짰습니다. 그래서 생각해 낸 방법이 일부러 초문왕 앞에서 식나라 군주의 아내 식규가 얼마나 아름답고 매력적인지 칭찬하는 것이었습니다. '繩'(승)은 칭찬한다는 뜻입니다.

"초문왕은 식나라에 가서 연회에 초대되었고, 마침내 식나라를 멸했다. 그는 식규를 데리고 돌아와 도오堵敖와 성왕成王을 얻었다. 그런데 식규는 먼저 말하는 법이 없었다."楚子如息, 以食入享, 遂滅息. 以息嬀歸, 生堵敖及成王焉. 未言. 식나라는 작고 약했습니다. 그래서 당시 초나라의 힘을 빌려 겨우 채나라를 상대할 수 있었지요. 초문왕은 채애후의 말에 마음이 동해 식나라로 건너갔고, 식나라 군주는 당연히 연회를 베풀어 그를 대접했습니다. 그 자리에서 초문왕은 식규를 만났고, 채애후가 묘사한 대로 그녀가 선녀처럼 아름답다는 것을 확인했습니다. 일단 시작한 일은 끝을 보고야 마는 성격이었기에 초문왕은 즉시 출병하여 식나라를 멸하고 식규를 초나라로 데려와 아내로 삼았습니다. 식규는 초문왕에게 아들 둘을 낳아 주었는데, 한 명은 도오였고 다른 한 명은 훗날의 초

성왕이었습니다. 그런데 초문왕과 이렇게 실질적인 부부 관계였는데도 식규는 먼저 말을 거는 법이 거의 없었습니다.

"초문왕이 왜 그러냐고 묻자 식규가 대답하길, '저는 한 여자로서 두 지아비를 섬겼는데 죽지는 못할망정 어찌 말까지 하겠습니까?'라고 했다. 초문왕은 채애후 때문에 식나라를 멸했으므로, 결국 채나라를 정벌했다. 가을 7월, 초나라가 채나라에 쳐들어갔다."楚子問之, 對曰, "吾一婦人, 而事二夫, 縱弗能死, 其又奚言?" 楚子以蔡侯滅息, 遂伐蔡. 秋七月, 楚入蔡. 한 여자로서 두 남자와 결혼한 것이 부끄러워 말을 안 한다는 식규의 말을 듣고 초문왕은 양심의 가책을 느꼈습니다. 과거에 자신이 채애후의 농간에 넘어가 식나라를 멸하고 식규를 강탈해 왔기 때문입니다. 그해에 초문왕이 출병해 채나라를 공격한 것은 한편으로는 화풀이를 하기 위해서였고, 다른 한편으로는 식규를 위로해 주기 위해서였습니다. 7월에 초나라군은 채나라를 점령했습니다.

"군자가 말하길, '『상서』에서 악이 만연한 것이 요원燎原의 불길 같아 가까이 갈 수도 없는데 어떻게 끌 수 있겠느냐고 했다. 이것은 채애후와 같지 않은가!'라고 했다."君子曰, "商書所謂 '惡之易也, 如火之燎于原, 不可鄕邇, 其猶可撲滅'者, 其如蔡哀侯乎!" 『좌전』은 이렇게 군자의 논평을 기록했습니다. 군자가 누구인지는 정확히 알 수 없지만 그의 말은 관리와 귀족의 가치관과 신념을 대표합니다. 군자는 『상서』상서商書「반경」盤庚의 구절을 인용했는데, 현존하는 『상서』와 비교하면 '惡之易也'(악지역야) 네 글자가 더 많습니다. 여기에서 '易'은 만연하다는 뜻입니다.

　결국 군자는 탄식하며 말했습니다. "『상서』에서 묘사한 것이 대체로 채애후의 행위와 맞아떨어진다. 악행은 전염성이 있어서 자신조차 통제할 수 없는 연쇄반응을 불러일으킨다. 초원에 불을 붙이면 불길이 삽시간에 번져 결국 불을 붙인 사람까지 집어삼키는 것처럼 말이다. 채애후는 식규의 미색에 눈독을 들여 무례를 저질렀다. 그런데 그것이 일련의 사태를 일으켜 그 자신을 포로로 만들고 식나라를 망하게 했으며, 마지막에는 채나라까지 초나라에 강점당했다."

　여기에는 작은 악도 소홀히 해서는 안 되며 나쁜 일은 더 커지기 전에 근절해야 한다는 도덕적 원칙이 반영되어 있습니다. 다른 한편으로 그 사건들은 춘추시대의 예측하기 곤란했던 위협을 보여 주기도 합니다. 한 명의 미녀와 한 번의 무례한 행실이 결과적으로 요원의 불길처럼 세 나라가 관련된 큰일로 번졌습니다. 그로 인해 두 나라는 어처구니없이 독립과 자주권을 잃고 말았습니다. 생각해 보면 그런 환경에서 살던 사람들은 늘 긴장되고 곤혹스러웠을 겁니다.

새로운 국제 질서

노장공 15년 봄 경문은 "장공 15년 봄, 제환공, 송환공, 진선공, 위혜공, 정여공이 견鄄에서 모였다"十有五年春, 齊侯宋公陳侯衛侯鄭伯會于鄄입니다. 제·송·진·위·정 다섯 나라의 군주가 정상회담을 열었습니다. 참가한 나라들은 모두 동쪽 지방의 전통적인 대국이었고, 거기에는 당시 가장 강대했던 제나라도 포함되었습니다. 따라서 이는 예사로운 사건이 아니었습니다.

『좌전』의 설명을 노장공 14년과 연결해서 보면, "겨울, 견에서 모인 것은 송나라가 굴복했기 때문이다. 장공 15년 봄, 그곳에 다시 모여 제나라가 처음 패주가 되었다"冬, 會于鄄, 宋服故也. 十五年春, 復會焉, 齊始霸也입니다. 노장공 14년 봄, 송나라가 북행 회의의 결의를 따르기로 했기 때문에 다시 주나라 천자가 보낸 선백이 얼굴을 내밀고 제·송·위·정 나라의 군주가 모였습니다. 이로써 송나라의 내란이 정식으로 종결되었습니다. 그런데 노장공 15년, 이 네 군주 외에 진나라 군주가 추가되고 선백은 빠진 채 다시 견에서 회의가 열렸습니다. 그것이 제나라가 '패주'가 된 시초였습니다.

견에서의 두 번째 회의에 주나라 천자의 대표가 참가하지 않은 것보다 더 중요했던 것은 처리해야 할 특수한 의제가 딱히 없었다는 겁니다. 그 정상회담은 순전히 제환공의 위엄을 빛내기 위해 마련된 것이나 다름없었습니다. 그가 모이자고 하자 모두가 참석했습니다. 군주 연맹의 새로운 형태를 통해 제나라는 모든 나라에 알렸습니다. 연맹의 소집자로서 자신은 언제든 그렇게 많은 나라의 세력을 동원해 문제를 처리할 수 있으니, 앞으로는 멋대로 자신의 의견과 입장을 무시하면 안 된다고 말입니다. 그렇게 새로운 '패주' 정치가 수립되었습니다.

견에서의 첫 번째 회의는 옛 봉건 규칙 아래 주나라 천자의 대표가 주재했기 때문에 각국의 군주가 출석했습니다. 옛 규칙에 따르면, 만약 어느 군주가 회의에 나가면 지위가 같은 다른 나라의 군주는 부를 수 없었습니다. 단지 그 밑의 대부를 파견해 달라고 요청할 수 있었지요. 그런데 두 번째 회의에서는 그런 관례가 깨졌습니다. 제환공은 다른 나라 군주보다 상위의 특수한 지위에 서서 다른 나라 군주를 지휘해 회의에 오게 했습니다. 본래는 서로 평등했던 제후들 위에 이제 패주라는 새로운 역할과 등급이 생겨났던 겁니다.

제환공은 무슨 조건에 의지해 그런 권력을 얻었을까요? 첫 번째 조건은 당연히 제나라의 강대한 무력이었습니다. 제나라 지역은 본래 무용武勇의 전통이 강했습니다. 『시경』 제풍齊風에는 수렵을 소재로 사냥 과정에서의 활달한 모험을 노래한 시가 여러 편 있습니다. 그런 정신은 군사력을 형성하기에 유리한 바탕입니다.

하지만 그것만으로는 패주의 출현을 설명할 수 없습니다. 두 번째 중요한 조건은 우리가 짧은 몇 년간의 『좌전』 기록을 읽은 것만으로도 유추할 수 있습니다. 각국의 내란과 분쟁이 갈수록 빈번해지고 심각해진 데다, 변란의 성격에 있어서도 '나라 안'과 '나라 밖' 그리고 '나라 간'의 경계가 모호해져 한 나라의 형제나 부자 사이의 분쟁 혹은 대부의 전횡이 봉건 친족 관계를 통해 다른 나라에 번지고 영향을 주었습니다.

그것은 19세기에서 20세기 초, 제1차세계대전 발발 전의 유럽 형세와 비슷했습니다. 당시 합스부르크가, 호엔촐레른가, 로마노프왕조 등의 몇 개 가문이 서로 혼인을 맺고 견제하면서 비밀 외교 협정을 체결했지요. 그 결과 어떤 나라에 문제가 생기면 즉시 복잡한 연맹 협정을 통해 확산되어 수습할 수 없는 지경에 이르렀습니다. 그래서 오스트리아 –

헝가리제국에서 일어난 우연한 사건이 뜻밖에 요원의 불길처럼 전 유럽을 휩쓸고 심지어 유럽 이외의 지역까지 태워버린 제1차세계대전으로 이어진 겁니다.

그 시기 동주의 형세를 봐도, 나라와 나라 사이에 각양각색의 공개적이거나 은밀한 맹약이 존재했습니다. 그래서 언제든 무력 충돌이 발발할 가능성이 있었고, 주나라 천자는 그런 나라들을 통제할 방도가 전혀 없었기 때문에 각 나라는 사실 긴장과 초조함에 빠져 있었습니다. 그 긴장과 초조함이 일정 수위에 이르자 나라들은 패주를 옹립해 패주가 질서를 유지해 주기를 바라게 되었습니다. 물론 패주는 강대한 무력이 있어야 했지만, 패주의 역할은 절대로 무력으로 여러 나라를 압박하는 것이 아니라 일종의 상대적 평화를 보장해 주는 것이었습니다.

세 번째 조건은 어느 정도 역사적 시기상의 우연이었습니다. 그 시기에 비교적 심각한 변란이 일어난 지역은 모두 제나라와 가까운 곳이거나 종족 관계가 있었습니다. 제나라도 제양공이 시해를 당하고 공자 소백과 규가 왕위 쟁탈전을 치르는 과정을 겪었습니다. 그런 변란의 고통을 몸소 체험한 환공은 본인이 직접 나서서 변란을 해결하고자 하는 의지가 비교적 강했습니다.

제환공이 패주가 된 지 2년째인 노장공 16년 겨울의 『춘추』 경문은 "겨울 12월, 제환공, 송환공, 진선공, 위혜공, 정여공, 허목공 그리고 활나라와 등나라의 군주가 모여 유幽에서 동맹을 맺었다"冬十有二月, 會齊侯宋公陳侯衛侯鄭伯許男滑伯滕子, 同盟於幽입니다. 노나라 입장에서 기록한 것이기 때문에 제환공과 다른 나라 군주들을 나란히 배열했지만, 사실 이 모임은 1년 전 열린 정상회담의 확대판이었으므로 당연히 제환공이 소집했습니다. 본래의 다섯 나라 군주 외에 새로 노·허·활 나라 등의 군주가 추가되었습니다. 노나라 역시 어쩔 수 없이 제환공이 수립한 '군주 연맹'에 들어갔습니다.

패주의 활동은 바로 이런 정상회담에 의지해 이루어졌습니다. 변란이 일어나면 패주는 관련 군주들을 소집해 회의를 열고, 문제 해결에 대해 서로 공감대를 형성한 뒤 맹약을 체결했습니다. 그렇게 군주들의 지지를 얻으면 맹약 내용을 실현하기도 쉬웠습니다.

패주는 사실 그렇게 패권적이지 않았습니다. 차라리 일종의 집단 지도 체제에 가까웠습니다. 제환공은 군주 연석회의의 초대 의장이었습니다. 그다음에는 송양공과 진문공이 패주의 역할을 이어받았습니다. 그들의 활약도 『좌전』 뒷부분에 모두 기록되어 있습니다.

역자 후기
양자오 약전

마침내 양자오의 '중국 고전을 읽다' 시리즈 10권의 번역이 마무리되었다. 돌이켜 보면 『논어』, 『맹자』, 『노자』, 『장자』, 『묵자』가 이미 1차로 출간되었고, 다음으로 『전국책』, 『순자』가 출간되었으며, 이제 『상서』, 『시경』, 『좌전』이 출간될 것이다. 이 10권 중 내가 번역을 맡은 것이 무려 6권이다. 애초에 그럴 계획이 없었는데도 상황과 인정에 밀려 그렇게 되었다. 모두 얇은 소책자이긴 해도, 고전 관련서가 소책자라고 해서 호락호락할 리는 없다. 게다가 저마다 개성이 다른 고전이다 보니 아무리 양자오의 해설이 명쾌해도 매번 적응하느라 애를 먹었다.

어쨌든 이 방대한 시리즈의 번역을 마치면서 예의 삼아 (?) 저자 양자오의 이력을 짧게나마 정리해 독자들에게 전달하는 것이 역자로서의 내 도리일 듯하다.

양자오는 1963년 타이완 중동부 해안에 있는 화롄현花蓮縣의 어느 대륙 이주민 가정에서 태어나 타이베이의 일본풍 지역인 칭광晴光 시장 지구에서 어린 시절을 보냈다. 그곳은 뒷산에 미군 고문단 거류지가 있어서 미군을 상대로 하는 카페가 많았다. 양자오의 부모는 양장점을 했는데, 주 고객은 그 카페들에서 일하는 여급이었다. 이처럼 양자오의 집안은 책과 학문과는 거리가 멀었다. 그래도 그는 어린 시절부터 책 읽기를 좋아했는데, 중학교 3학년 전까지는 학교 성적이 별로 뛰어나지 않았다고 한다. 그러다 열등생에 대한 교사들의 차별 대우를 참을 수 없어 공부에 전념했고, 결국 1978년 타이베이의 명문고인 젠궈建國고등학교에 진학했다. 고교 시절에 그는 자유롭게 책을 읽기 위해 수시로 수업을 빼먹었다고 한다. 당시 학교와 한 블록 거리에 있었던 '주 타이베이 미국 뉴스센터'의 도서관이 그의 안식처였다. 그곳의 개가열람실에서 그가 특히 열중해서 보았던 것은 홍콩 잡지 『투데이월드』와 같은 제목의 번역 총서, 그리고 영어판이 포함된 다

국어판『미국 헌법』,『연방론』등이었다.

1981년에 양자오는 타이완대 역사학과에 입학했다. 당시 그 학과는 역사학의 대가들이 운집한 황금시대의 마지막 시절을 누리고 있었다. 졸업 후 그는 2년간의 병역을 마치고 1987년부터 1993년까지 하버드대 대학원에서 공부했다. 그의 박사 논문 제목은 처음에는 '양한兩漢 경학의 금고문今古文 전변의 외적 요소 연구'였으나, 나중에 '타이완의 전후 정치 경제'로 바뀌었다. 하지만 그는 박사 논문을 마치지 않고 중도에 귀국했다. 1998년 그의 박사 논문 지도교수인 두웨이밍杜維明이 다시 하버드대로 건너와 계속 논문을 쓰라고 압박했지만 그는 말을 듣지 않았다. 대중에게 진지한 사상과 문화를 보급하는 것이 엄격한 아카데미식 연구보다 더 그의 흥미를 끌었고, 그는 그것을 자신의 평생 과업으로 삼았다.

결국 지난 20여 년간 타이완 학계는 양자오 박사 혹은 양자오 교수를 잃었다. 하지만 그 대신 방대한 동서양 고전을 독창적으로 읽고 해석하는 저자 겸 문학평론가 겸 시사평론가 양자오를 얻었다. 한편 양자오는 이 10권의 '중국 고전을 읽다' 시리즈를 내게 된 동기에 관해 2017년 2월 17일 중국『문학신문』과의 인터뷰에서 다음과 같이 말했다.

2007년부터 2011년까지 저는 타이완 민룽 강당에서 '중국 역사 다시 보기' 강좌를 개설해 13기에 걸쳐 130강을 강의했습니다. 그러면서 신석기부터 신해혁명까지 중국 역사를 한 차례 정리했지요. 그런데 강의를 하면서 저는 인류 문명에서 중국이 대단히 특이한 케이스라는 생각을 하게 되었습니다. 기원전 3000년부터 현재까지 동일한 문자, 동일한 기호-의미 결합 체계가 장장 5천 년이나 단절 없이 이어져 왔으니까요. 그래서 우리는 고전을 통해 또 다른 중국을 엿볼 수 있고, 이것은 실로 얻기 힘든 기회입니다.

'중국 역사 다시 보기'가 끝난 뒤 제 수강생들은 계속 저와 함께 공부하기를 바랐습니다. 그래서 저는 중국의 전통 고전을 읽는 강좌를 개설했습니다. 『상서』, 『시경』에서 시작해 천천히 『논어』, 『맹자』까지 개괄하면서 수강생을 위해 세심한 선독選讀과 해설을 진행했습니다. 그들은 이미 5년 동안 제 중국사 강의를 들은 이들이었습니다. 저는 이번에는 제 주관적 선택과 판단을 자제하며 그들이 스스로 원전을 접하면서 원전을 통해 중국 역사를 인식하고 이해하기를 바랐습니다.

양자오의 '중국 고전을 읽다' 시리즈 10권은 바로 그 강좌를 통해 얻어진 결실이다. 실제 수강생을 앞에 두고 양자오가 자신의 육성으로 그들과 함께 고전을 읽고, 해석하고, 나아가 스스로 해설한 것을 정리해 책으로 펴낸 것이다. 따라서 나는 우리 독자들도 이 시리즈를 읽으면서 마치 교실에서 양자오의 강연을 직접 듣는 듯한 체험을 할 수 있기를 바란다.

2019년 7월 15일

좌전을 읽다
: 중국 지식인이 읽고 배워야 했던 2천 년의 문장 교본

2019년 8월 24일 초판 1쇄 발행

지은이	**옮긴이**
양자오	김택규

펴낸이	**펴낸곳**	**등록**
조성웅	도서출판 유유	제406-2010-000032호(2010년 4월 2일)

주소
경기도 파주시 책향기로 337, 301-704 (우편번호 10884)

전화	**팩스**	**홈페이지**	**전자우편**
031-957-6869	0303-3444-4645	uupress.co.kr	uupress@gmail.com

	페이스북	**트위터**	**인스타그램**
	www.facebook .com/uupress	www.twitter .com/uu_press	www.instagram .com/uupress

편집	**디자인**	**마케팅**
류현영	이기준	송세영

제작	**인쇄**	**제책**	**물류**
제이오	(주)민언프린텍	(주)정문바인텍	책과일터

ISBN 979-11-89683-18-4 04140
        979-11-85152-02-8 (세트)

이 도서의 국립중앙도서관 출판예정도서목록(CIP)은 서지정보유통지원시스템
홈페이지(seoji.nl.go.kr)와 국가자료공동목록시스템(www.nl.go.kr/kolisnet)에서
이용하실 수 있습니다.(CIP제어번호: CIP2019027859)